CATALOGUE

DES

LIVRES

DE BEAUX-ARTS, DE LITTÉRATURE ET D'HISTOIRE

La plupart ornés de Figures et très-bien conditionnés

COMPOSANT

La Bibliothèque de feu M. PHÉLIPPON

DONT LA VENTE AURA LIEU

HOTEL DES COMMISSAIRES-PRISEURS

RUE DROUOT, 9, SALLE N° 4

Le Lundi 5 Février 1877, et jours suivants

A DEUX HEURES PRÉCISES

Par le ministère de **Me SOYER,** Commissaire-Priseur,
place du Théâtre-Français, 1,

Assisté de **M. ADOLPHE LABITTE,** Libraire-Expert, demeurant à Paris,
rue de Lille, 4,

Tous deux commis par ordonnance de M. le Président du Tribunal civil de 1re instance de la Seine,
en date du 25 Décembre 1876, enregistrée

PARIS
ADOLPHE LABITTE
LIBRAIRE DE LA BIBLIOTHÈQUE NATIONALE
4, rue de Lille, 4

1877

ORDRE DES VACATIONS

PREMIÈRE VACATION

Lundi 5 Février 1877

Théologie, Sciences, Beaux-Arts .... Nos 1 à 218

DEUXIÈME VACATION

Mardi 6 Février

Arts industriels, Linguistique, Poëtes français.. Nos 219 à 422

TROISIÈME VACATION

Mercredi 7 Février

Poëtes français, Fables, Chansons, Théâtre...... Nos 423 à 628

QUATRIÈME VACATION

Jeudi 8 Février

Théâtre, Romans.......................... Nos 629 à 831

CINQUIÈME VACATION

Vendredi 9 Février

Romans, Épistolaires, Polygraphes, Voyages..... Nos 832 à 1046

SIXIÈME VACATION

Samedi 10 Février

Histoire de France, Histoire littéraire, Bibliographie Nos 1047 à 1243

Revue des Deux-Mondes..... Nos 1230

Ves Renou, Maulde et Cock, imprs de la Compagnie des Commissaires-Priseurs, rue de Rivoli, 144. 71479

CATALOGUE

DES

LIVRES

DE BEAUX-ARTS, DE LITTÉRATURE ET D'HISTOIRE

La plupart ornés de Figures et très-bien conditionnés

COMPOSANT

La Bibliothèque de feu M. PHÉLIPPON

DONT LA VENTE AURA LIEU

HOTEL DES COMMISSAIRES-PRISEURS

RUE DROUOT, 9, SALLE N° 4

Le Lundi 5 Févier 1877, et jours suivants

A DEUX HEURES PRÉCISES

Par le ministère de **M° SOYER,** Commissaire-Priseur,
place du Théâtre-Français, 1.

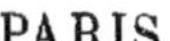

PARIS
ADOLPHE LABITTE
LIBRAIRE DE LA BIBLIOTHÈQUE NATIONALE
4, rue de Lille, 4

1877

CONDITIONS DE LA VENTE

Elle sera faite au comptant.

Les Acquéreurs paieront CINQ POUR CENT, en sus du prix d'adjudication, applicables aux frais.

Il y aura exposition des Livres de chaque Vacation à 1 heure précise.

Les Articles adjugés ne seront repris pour aucune cause.

Voir l'Ordre des Vacations sur la Couverture.

CATALOGUE
DE LIVRES

DE BEAUX-ARTS, DE LITTÉRATURE ET D'HISTOIRE

Composant la Bibliothèque de feu M. PHÉLIPPON

THÉOLOGIE
HISTOIRE DES RELIGIONS

1. **Biblia.** *Basileæ*, 1514; in-fol., rel. au bois recouverte en peau de truie.
   Édition gothique à deux colonnes.

2. Biblia sacra vulgatæ editionis. *Parisiis*, 1666; in-4, texte à deux col., mar. bleu à comp., dent. int., tr. dor. (*Duru*).

3. L'Histoire du vieux et du nouveau Testament, représentée avec des figures (vignettes à mi-pages) et des explications édifiantes tirées des saints Pères, pour régler les mœurs dans toute sorte de condition, par le sieur de Royaumont, prieur de Sombreval. *Paris, chez Pierre Le Petit*, 1671; in-4, v. fauv., fil. à comp., tr. dor. (*reliure moderne*).

4. Histoire du vieux et du nouveau Testament enrichie de plus de quatre cents figures. *Amsterdam, chez Pierre Mortier*, 1700; 2 vol, in-fol., maroq. Lavall. jans., dent. int., tr. dor. (*R. Petit*).

Bel exemplaire du 1er tirage, avant les clous.

5. La Sainte Bible selon la vulgate, traduction nouvelle avec les dessins de Gustave Doré. *Tours, Alf. Mame*, 1866; 2 vol. in-4, cart. percal. rouge, n. rog.

6. Tableaux du vieux et du nouveau Testament, où sont représentés en 150 figures les histoires les plus remarquables du vieux et du nouveau Testament, gravées par les plus habiles maîtres. *Amsterdam, chez Reinier et Josua Ottens*, s. d.; in-4, v. antiq.

7. Les Figures de la Bible. *La Haye, chez Pierre de Nonds*, 1728; in-fol., v. antiq. marbr.

8. Ancien et nouveau Testament. — 180 planches gravées en 1797 et 1799, d'après S. Rubens, L. de Boullongne, B. Picart, L. Maillard, C. de La Fosse, J. Freister, G. Wuret, Coypel, Marillier, Véronèse, F. Le Moine, et réunies en 2 vol. in-8, dem.-rel. bas.

9. Les Psaumes de David, selon leurs rangs, écrits en l'année 1763; in-12, maroq. rouge jans., tr. dor.

Manuscrit d'une bonne écriture.

10. Les Enfants de la Bible, par l'abbé Aug. Sergent. *Paris, Morizot, s. d.*; gr. in-8, demi..rel.

11. Morale de Jésus-Christ et des Apôtres, ou la Vie et les Instructions de Jésus-Christ, tirées du nouveau Testament. *Paris, de l'impr. de Didot l'aîné*, 1790; 4 vol. in-18, dem.-rel., v. vert.

12. Jésus-Christ, par L. Veuillot, avec une étude sur l'art chrétien par E. Cartier, ouvrage illustré de 16 chromolithographies et de 180 gravures sur bois. *Paris, Firm. Didot fr.*, 1875; gr. in-8, dem.-rel., maroq. rouge, plats toile est., tr. dor.

13. Les Évangiles des dimanches et fêtes de l'année. *Paris, L. Curmer*, 1864; 1 vol. rel. en 2 parties. — Appendice formant la 3e partie, maroq. bistre jans., doublé de moire rose, avec dent., tr. dor. (dans des étuis). L'appendice est en dem.-rel., tr. dor.

Exemplaire de souscription.

14. La Passion de N.-Seigneur Jésus-Christ, et les actions du prêtre à la sainte messe, avec des prières correspondantes aux tableaux gravées par Sébastien Le Clerc. *Paris*, 1729; in-12, 35 planches maroq. rouge, dent., tr. dor (reliure ancienne).

Les planches 9, 27 et 30 manquent.

15. Petit Missel illustré. *Paris, L. Curmer*, 1865; in-12 en feuilles (papier porcelaine).

Exemplaire enluminé.

Même ouvrage, même condition, mais au trait seulement, sans enluminures.

16. Oratio Dominica CL linguis versa et propriis cujusque linguae characteribus plerumque expressa, edente J.J. Marcel. *Parisiis, typis imperialibus*, 1805; in-4, maroq. Lavall. jans., dent. int., tête dor., n. rog. (*reliure moderne*).

17. Petit Missel, livre d'église. *Paris, Louis Janet*; in-16, figures en couleurs, chagr. rouge est., tr. dor.

18. Jehan Foucquet. — Heures de maistre Estienne Chevalier, texte restitué par M. l'abbé Delaunay. *Paris, L. Curmer*, 1866; ouvrage gr. in-8 complet en feuilles.

19. Manuel du Chrestien, contenant l'ordinaire de la messe, etc. *Cologne*, 1743 ; in-18, maroq. rouge, tr. dor. (*anc. reliure*).

20. Heures nouvelles, tirées de la sainte Écriture, escrites et gravées par L. Sénault. *Paris, chez l'auteur, s. d.* in-8 ; *5 portraits par E. Lebrun, Champagne, Coypel, de Ginde et Regnard (encadrés d'un filet or), et grandes lettres ornées* maroq. vert, très-large dent., à comp. pointill., milieu des plats, maroq. rouge doublé de tapis rouge, tr. dor. (*reliure ancienne*).

21. **Heures royales** (soir). In-12, mar. noir, tr. dor.

Manuscrit sur vélin du XVIIe siècle, composé de plus de cent feuillets, entourés de filets d'or. L'écriture imite l'impression. Le titre, effacé en partie, porte au bas : *Ecrit par J. Damoiselet* 1700.

22. Heures de Nostre-Dame à l'usage de Rome, mises en français par M. René Benoist. *Paris, chez Rolet Boutonné*, 1624 ; pet. in-8, figures gravées bas., dos et plats entièrement fleurdelisés.

23. Essay de psaumes et cantiques mis en vers et enrichis de figures par Mlle *** (Le Hay). *Paris, chez Mich. Brunet*, 1674; in-8, maroq. Lavall. jans., dent. int., tr. dor. (*Petit succ. de Simier*).

24. Processional de l'église, insigne royale séculière et collégiale de Saint-Hilaire de Poitiers. *Paris*, 1782 ; in-12 bas. (*musique notée*).

25. De Imitatione Christi libri quatuor. *Parisiis, typis J. Barbou*, 1764; in-12. *Frontispice et figure par Marillier gravés par de Longueil*, v. antiq., fil., tr. dor.

26. De Imitatione Christi libri quatuor. *Impressum Parisiis, cura Edwini Tross*, 1858; in-64, br. neuf.

27. L'Imitation de Jésus-Christ. *Paris*, *L. Curmer*, 1858; in-4 et appendice en 2 vol. maroq. bleu à gros grains, jans. doublé de moire bleue semée de croix, tr. dor., semée de croix bleues dans une boîte chagr. noir et doublée de velours et de soie bleue.

28. L'Imitation de J.-C. trad. par de Gonnelieu. *Tournay*, 1855; in-16 br.

Édition miniature.

29. L'Imitation des Saints, pour tous les jours de l'année, par l'abbé Lecanu. *Paris*, *Furne*, 1854; in-18. *Vignettes en tête des pages*, maroq. brun, jans., dent. int., tr. rouges.

30. Le Livre de l'internelle consolacion, première version françoise de l'Imitation de Jésus-Christ, publiée par MM. L. Moland et Ch. Néricault. *Paris*, *J. Jannet*, 1856; in-12, v. fauv., fil., tr. dor.

31. Regia via della Croce composta in lingua latina da D. Benedetto Aftenio, Monaco cassinese di Mastrich e tradotta in italiano da un diuoto sacerdote. *In Roma*, 1684; in-8, figures, parch.

32. Les Dévotes epistres de Katherine d'Amboise, publiées pour la première fois par M. l'abbé J.-J. Bourassé. *Tours, A. Mame*, 1861; gr. in-8, maroq. bistre jans., dent. int., tr. dor. (*Dupré*).

Édition tirée à 180 exemplaires.

33. Les Oraisons funèbres de Bossuet, avec des notices par M. P. Poujoulat. *Tours*, *Alf. Mame*, 1869; in-4, br. Vignettes gravées à l'eau-forte par V. Foulquier.

Exemplaire en grand papier de Hollande.

34. Petit Careme et sermons choisis de J.-B. Massillon. *Paris*, *Gavard*, *s. d.*, *in-4*, *portraits et vignettes* demi-rel. maroq. noir avec coins, tête dor. n. rog.

35. Justi Lipsii de Cruce, libri III, cum notis; *Antuerpiæ officina Plantiniana*, 1593; in-4 bas. *Figures*.

Signature de Juste Lipse sur le titre.

36. Études philosophiques sur le christianisme, par Auguste Nicolas. *Paris, Vaton fr.*, 1870; 4 vol. in-12, dem.-rel. maroq., tr. peign.

37. Texte primitif des Lettres provinciales de Blaise Pascal (publié par B. Lesueur). *Paris, L. Hachette*, 1867; in-4, maroq. bistre jans., dent. int., tr. dor.

38. L'Esprit de M. Nicole ou Instructions sur les vérités de la religion. *Paris, chez G. Desprez*, *1765*; in-12. *Portrait de Nicole par Ph. de Champagne, gravé par Ch. Gaucher.* v. fauve, dos orné, fil., dent. int., tr. dor. (*Dupré*).

39. Du Festin du roi boit. *Besançon*, 1762; br. in-8 de 12 pages.

Réimpression moderne faite à Lille. Exemplaire sur papier rose.

40. De l'Abus des nudités de gorge, attribué à l'abbé J. Boileau, *Paris, Ad. Delahays*, 1848; in-12, demi-rel. maroq. Lavall., tr. peign.

41. Le grand Tableau de l'univers ou l'Histoire des événements de l'Église depuis la création du monde jusqu'à l'apocalypse de saint Jean représenté par des tailles-douces. *Amsterdam, aux dépens de Jacques Lindenburg*, 1714; in-fol., dem.-rel. v. antiq.

42. Histoire du christianisme des Indes, par M. V. La Croze. *La Haye*, 1724; in-12, front. fleuron sur le titre, figure et carte, dem-rel., v. antiq.

43. La Solitude ou les Vies des femmes anachorètes, gr. par Sadeler; petit in-4, dem.-rel.

Tirage remonté.

44. Sainte Cécile et la société romaine aux deux premiers siècles, par don Gueranger, abbé de Solesmes, ouvrage contenant deux chromo-lithographies, cinq planches en taille-douce et deux cent cinquante gravures sur bois. *Paris, Firm. Didot fr.*, 1874; gr. in-8, dem.-rel. maroq. rouge, plats toile est., tr. dor.

45. Histoire des diables de Loudun ou de la Possession des religieuses ursulines et de la condamnation et du supplice d'Urbain Grandier, curé de la même ville (par Aubin, réfugié français). *Amsterdam*, 1693; in-12, figure, v. fauve antiq., fil.

46. Pouillé du diocèse de Poitiers par ordre alphabétique. *Poitiers*, 1782; in-8, v. éc. fil., tr. dor.

47. Histoire de sainte Chantal et des origines de la Visitation, par M. l'abbé Em. Bougaud. *Paris, Ve Poussielgue Rusand*, 1863; 2 vol. in-8, portrait maroq. Lavall., tr. peign.

48. Mémoires pour servir à l'histoire de la fête des fous qui se faisait autrefois dans plusieurs églises, par M. Du Tilliot. *A Lausanne et à Genève*, 1751; in-12, 12 planches, v. antiq. marbr., fil., tr. marbr.

49. Histoire de l'abbaye royale de Saint-Germain-des-Prez contenant la vie des abbez qui l'ont gouvernée depuis sa fondation, par dom Jacques Bouillart. *Paris, chez Grégoire Dupuis*, 1724; in-fol., planches, v. brun.

50. La Vérité des miracles opérés par l'intercession de M. de Paris. *Utrecht*, 1737; in-4, v.

Vingt planches.

51. Briefue histoire de l'institution de toutes les religions avec leurs habits gravez, par Odvard Fialetti. *Paris*, 1658; in-4, dem.-rel. maroq. br., ovale, coins. *Figures.*

52. L'Alcoran des cordeliers tant en latin qu'en français ou recueil des plus notables bourdes et blasphèmes impudents de ceux qui ont osé comparer saint François à Jésus-Chrit, tiré (par Erasme Albére) du grand livre des conformités jadis composé (en latin) par frère Barthelemi de Pise (et traduit en français par Conrad Badius). *Amsterdam*, 1734; 2 vol. in-12, *figures de Bernard Picart*, demi-rel. maroq. rouge.

53. La guerre séraphique ou histoire des périls qu'a courus la barbe des capucins par les violentes attaques des cordeliers. *A La Haye, chez Pierre de Hondt*, 1740; in-12, dem.-rel. maroq. rouge.

54. Histoire générale des cérémonies et coutumes religieuses de tous les peuples du monde, représentées en 243 figures, dessinées de la main de Bernard-Picart avec des explications historiques et curieuses par M. l'abbé Banier et par M. l'abbé Le Mascrier. *Paris*, 1741; 7 vol. in-fol., v. antiq. marbr.

55. Opuscula mythologica physica et ethica græce et latine. *Amstelædami*, 1868; in-8 parch.

56. Genealogia degli Dei di G. Boccacio. *In Venegia*, 1554, in-4 vélin.

57. Lettres à Emilie sur la mythologie, par C.-A. Demoustier. *Paris, chez Aug. Renouard*, 1801; 2 vol., in-8, figures de Monnet, v. antiq.

SCIENCES

I. — Philosophie

58. Les Œuvres de L. Annaeus Seneca, mises en françois par Mathieu de Chalvet. *Paris, chez Abel Langelier*, 1604, *titre frontispice par Thomas de Leu;* in-fol., v. br.

Édition gothique sur deux colonnes, Lettres rubriquées.

59. La Consolation de la philosophie, traduite du latin de Bocace. *Paris, chez Étienne Loyson*, *1711* ; in-16, v. gran. fil., tr. marbr.

60. De Simi litudinibus rerum, secundum ordinem litterarum. *S. l. n. d.*, in-fol., rel. en bois.

61. Collection des moralistes anciens, dédiée au roi. *Paris, chez Didot l'aîné et de Bure l'aîné,* 1783; 16 vol. in-18, v. éc., dent. à comp., tr. dor.

62. Les Essais de Michel, seigneur de Montaigne, enrichis de deux tables. *Paris, Abel Langelier*, 1602; 2 vol. in-8, titre gravé, v. br.

63. De la Sagesse, trois livres, par Pierre Charron. *Leyde, chez Jean Elzevier*, s. d.; in-12, *titre frontispice gravé,* mar. r., fil., tr. dor. (*Reliure ancienne*).

Hauteur 130 millimètres.

64. Réflexions, Sentences et Maximes morales de La Rochefoucauld, nouvelle édition publiée par G. Duplessis, avec une préface par C. A. Sainte-Beuve. *Paris, P. Jannet*, 1853 ; in-12, v. fauv., fil., tr. r. (*Dupré*).

65. Les Caractères de Théophraste, traduits du grec avec les caractères, ou les Mœurs de ce siècle, par La Bruyère. Nouvelle édition publiée par Adrien Destailleur. *Paris, A. Bourdilliat*, 1861 ; 2 vol. in-12, v. fauv., fil., tr. dor.

66. Les Caractères de La Bruyère, avec dix-huit gravures à l'eau-forte, par V. Foulquier. *Tours, Alfred Mame*, 1867 ; gr. in-8 br., papier vélin.

67. Tableau historique des progrès de l'esprit humain, par Condorcet. *Paris*, 1823 ; in-16, v. fauv., fil.

68. Le Ménagier de Paris, traité de morale et d'économie domestique, composé vers 1393 par un bourgeois de Paris et publié pour la première fois par la Société des Bibliophiles françois. *Paris, de l'imp. de Crapelet*, 1846 ; 2 vol. gr. in-8, mar. vert foncé jans., dent. int., tête dor., n. rog.

69. Le Livre du chevalier de La Tour Landry, publié par M. Anatole de Montaiglon. *A Paris, P. Jannet*, 1854 ; in-12, v. fauv., dos orné, fil., dent. int., tr. r.

70. Dictionnaire universel de la vie pratique à la ville et à la campagne, par Belèze. *Paris, Hachette*, 1862 ; gr. in-8, dem.-rel.

71. Il Cortegiano del conte Baldessar Castiglione, revisto per M. Lodivico Dolce. *In Lyone*, 1562 ; in-16, parch., tr. dor.

72. Pietra del paragone politico di Trajano Boccalini. *Cosmopoli*, 1671 ; in-64, parch. *Figures.*

73. Il libro del Cortegiano del conte Baldessar Castiglione nuovamente stampato et con somma diligenza revisto. *In Vinegia, Aldus*, 1541 ; in-8, mar. r., dent. int., tr. dor. (*Reliure moderne*).

74. Il Gentilhuomo del Mutio justinopolitano. *In Venetia*, 1675; in-4, vél. blanc.

75. L'honnête Homme et le Scélérat. Sçavoir si pour parvenir dans le monde il faut être honnête homme ou scélérat, par M. J. D. D. C., *suivant la copie de Paris. Brusselles, chez Louis de Waine*, 1710; in-12, fig., v. fauv., fil., tête dor., n. rog. (*J. Moreau*).

76. La Nobilta et l'eccellenza delle donne co diffetti et mancamenti de gli huomini. *In Venetia*, 1601; in-4, dem.-rel. bas.

77. Morale de Mahomet ou Recueil des plus pures maximes du Coran, par M. Savary. *A Constantinople et se trouve à Paris*, 1784; pet. in-12, v. rac., dent., tr. dor.

78. Le Chou-King, un des livres sacrés des Chinois, trad. par le P. Gaubil. *Paris, Tilliard*, 1770; in-4, fig., bas.

79. L'Alchimie et les Alchimistes. Essai historique et critique sur la philosophie hermétique, par L. Figuier. *Paris, L. Hachette*, 1860; in-12, dem.-rel. maroq. vert, tr. peigne.

80. Deux Livres de filosofie fabuleuse..., par Pierre de La Rivey, champenois. *A Lyon, par Benoist Rigaud*, 1579; in-18, maroq. bleu jans., dent. int., tr. dor. (*Hardy*).
Exemplaire réglé.

81. Histoire du merveilleux dans les temps modernes, par L. Figuier. *Paris, L. Hachette*, 1860-1861; 4 vol. in-12, dem.-rel. maroq. citron, tr. peign.

82. Des Sciences occultes ou Essai sur la magie, les prodiges et les miracles, par Eusèbe Salverte. *Paris, Sédillot*, 1829; 2 vol. in-8, dem.-rel. v. fauve.

83. La Chiromancie d'Edmond. *Paris, Aubry, s. d.*; in-12 chagr. noir.

II. — Sciences mathématiques et physiques.

84. La Perspective d'Euclide, trad. du français et desmontrée par Freard de Chatelou. *Au Mans*, 1663 ; in-4 vélin. *Figures.*

85. Introduction aux observations sur la physique, sur l'histoire naturelle et sur les arts (par l'abbé Rozier), années 1771 et 1772. *Paris*, 1777 ; 2 vol. in-4, fig. — Observations et Mémoires sur la physique, sur l'histoire naturelle et sur les arts (par l'abbé Rozier, Mongez le jeune, de La Metherie, etc.), années 1773-94 ; 46 vol. — Journal de physique, de chimie et d'histoire naturelle (par Jean-Claude de La Metherie, Ducrotay de Blainville, etc.), 1798 à 1802-10. Ens. 58 vol. in-4, v. fauve, tr. rouge.

86. Les Phénomènes de la physique, par Amédée Guillemin, ouvrage illustré de onze planches imprimées en couleur et de 450 figures insérées dans le texte. *Paris, L. Hachette*, 1868 ; gr. in-8 maroq. Lavall., fil. à comp., tête dor., n. rog.

87. Le Ciel, notions d'astronomie à l'usage des gens du monde et de la jeunesse, par Amédée Guillemin, ouvrage illustré de 11 planches tirées en couleur et de 216 vignettes insérées dans le texte. *Paris*, 1864 ; gr. in-8, dem.-rel. maroq. rouge, plats toile, tr. dor.

88. Il Saggiatore dal S. Galileo Galilei. *In Roma*, 1623 ; in-4 vélin.

Ce livre a été composé par Galilée pour défendre le traité des comètes de Mario Gruducci.

89. Œuvres illustrées de Jacques Arago, dessins par J.-A. Beancé, Lancelot et Ed. Coppin. *Paris, Marescq*, 1856 ; in-4., dem.-rel. maroq. amarante, tr. peign.

III. — Sciences naturelles

90. La Nature, revue des sciences et de leurs applications aux arts et à l'industrie. journal hebdomadaire illustré, rédacteur en chef M. Gaston Tissandier. *Paris*, 1873 (*1re année*) 1875 ; 5 vol. gr. in-8, cart. percal. vert est., tr. dor.

91. Bibliothèque des Merveilles. *Paris*, *Hachette*, 1860 et années suivantes ; 3 vol. in-12, cart. bl., figures.

92. **L. Figuier**. La Terre et les Mers. — La Terre avant le déluge. — Les Insectes. — L'Homme primitif. *Paris*, *Hachette* ; 4 vol. in-8, dem.-rel., tr. sup. dor., n. rogn. *Figures*.

93. La Vie souterraine ou les Mines et les Mineurs, par L. Simonin, ouvrage illustré de 160 gravures sur bois, de 30 cartes tirées en couleur et de 10 planches imprimées en chromolithographie. *Paris*, *L. Hachette*, 1867 ; gr. in-8, chagr. rouge, fil., dent. int.

94. **Dictionnaire universel** d'histoire naturelle, servant de complément aux Œuvres de Buffon, etc., par Ch. d'Orbigny. *Paris*, 1867-1869 ; 14 vol. de texte et atlas contenant plus de 300 planches gravées et coloriées, réunies en 3 vol. Ens. 17 vol. in-8, dem.-rel. maroq. rouge, tr. peig.

Magnifique exemplaire.

95. Œuvres complètes de Buffon. *Paris*, *Furne*, 1838 ; 8 vol. in-8, dem.-rel., *figures en couleurs*.

96. Le Jardin des Plantes, description complète, historique et pittoresque du Muséum d'histoire naturelle et de la Ménagerie, par MM. P. Bernard, L.-C. Couailhac, Gervais et Emm. Le Maout. *Paris, L. Curmer*, 1842; gr. in-8, figures noires et en couleurs, dem.-rel. v. vert, tr. marbr. — 2e partie: oiseaux, reptiles, poissons. *Paris, Curmer*, 1843; gr. in-8, fig., dem.-rel. mar. rouge.

97. Le Jardin des Plantes, description et mœurs des mammifères. *Paris, Dubochet*, 1842; gr. in-8, maroq. v., fil. figures.

98. Les Mammifères, par Louis Figuier. *Paris, Hachette*, 1869; in-8, maroq. bl., fig., tr. sup. dorée, n. rogn.

99. Les Races humaines, par L. Figuier, ouvrage illustré de 334 gravures dessinées sur bois et 8 chromolithographies. *Paris, L. Hachette*, 1872; gr. in-8, maroq. noir, fil. à comp. sur le dos et les plats, tête dor., n. rogn.

100. **S.-Henry Berthoud.** L'Homme depuis cinq mille ans, illustrations de Yan'Dargent. *Paris, Garnier frères, s. d.*; gr. in-8 br.

101. Les petits Quadrupèdes de la maison et des champs, par Eug. Gayot. *Paris, Firmin Didot frères*, 1871; 2 vol. in-8, dem.-rel. maroq. bleu, tr. peign.

102. La Vie et les Mœurs des animaux, par Louis Figuier. *Paris, Hachette*, 1866; in-8, figures, maroq. r., fil., tête dorée, n. rogn.

103. **Toussenel.** L'Esprit des bêtes, zoologie passionnelle. *Paris, Dentu*, 1862; in-8, dem.-rel. maroq.

104. Leçons élémentaires sur l'histoire naturelle des oiseaux, par Chenu. *Paris, Hachette*, 1862; 2 vol. in-12, maroq. du Lev. *Figures.*

105. L'Histoire de la nature des oiseaux, avec leurs descriptions et naïfs portraits retirez du naturel escritte en sept livres, par Pierre Belon, du Mans. *Paris, chez Guillaume Cavellet*, 1555 ; pet. in-fol. v. brun, figures.

106. Francis Willughbeii de Middleton. Ornithologiæ libri tres ; totum opus recognovit, digessit supplevit Joannes Raius. *Londini*, 1676 ; in-fol. v. anti. marbr.

107. Les Papillons, métamorphoses terrestres des peuples de l'air, par Amédée Varin. *Paris, s. d.;* gr. in-8, demi-rel., *figures.*

108. La Nature et diversité des poissons, par Pierre Belon, du Mans. *Paris, Charles Estienne*, 1855 ; in-8 obl., figures, vélin.

Les figures ont été coloriées.

109. L'Histoire entière des Poissons composée premièrement en latin par maistre Guillaume Rondelet, docteur régent en médecine en l'Université de Montpellier, maintenant traduite en françois, avec leurs portraits au naif. *A Lion, Macé Bonhomme*, 1858 ; 2 parties en 1 vol. in-fol. v. brun.

110. Les Poissons, les Reptiles et les Oiseaux, par Louis Figuier. *Paris, Hachette*, 1868 ; in-8, figures, maroq. rouge, fil. tr. sup. dorée.

111. Le Monde de la Mer, par Alfred Frédol, illustré de 21 planches sur acier tirées en couleur et de 290 vignettes sur bois. *Paris, L. Hachette*, 1865 ; gr. in-8 chagr. bleu, fil. à comp., tête dor., n. rogn.

112. La Pêche et les Poissons, nouveau dictionnaire général des pêches, par M. de La Blancherie, précédée d'une préface par Aug. Dumeril, 1,100 illustrations dessinées et coloriées par A. Mesnel. *Paris, Ch. Delagrave*, 1868 ; fort vol. gr. in-8, demi-rel. maroq. vert, tr. peign.

113. Histoire des Plantes de M. Leonhart Fuschsius, avec les noms grecs, latins et frãcoys, nouvellement traduicte en francoys. *A Paris, par Pierre Haultin*, 1549 ; in-8, *figures*, maroq. Laval. jans. dent. int., tr. dor. (*Dupré*).

114. Histoire des Plantes, par Louis Figuier. *Paris, Hachette*, 1865 ; in-8, figures, maroq. vert, fil., tr. sup. dor., n. rogn.

115. **Jaume de Saint-Hilaire.** Plantes de la France. *Paris*, 1808 ; 10 vol. gr. in-8, demi-rel., *figures coloriées.*

116. Exposition des familles naturelles et de la germination des plantes, par Jaume Saint-Hilaire, contenant la description des deux mille trois cent trente-sept genres, et d'environ quatre mille espèces les plus utiles et les plus intéressantes; 117 planches dont les figures ont été dessinées par l'auteur. *Paris, Treuttel et Würtz*, 1805. 2 vol. in-8, v. antiq.

117. Prairies et Plantes fourragères, par Ed. Vianne. *Paris, J. Rothschild*, 1870 ; gr. in-8, *édition ornée de 170 vignettes*, demi-rel. maroq. vert jans., tr. peign.

118. Les Fougères, choix des espèces les plus remarquables. *Paris, J. Rothschild*, 1867 ; 2 vol. gr. in-8, demi-rel maroq rouge, tr. sup. dorée, n. rogn.

119. Les Plantes à feuillage coloré, par Charles Naudin. *Paris, Rothschild*, 1874 ; 2 vol. gr. in-8, d.-rel. chagr., tr. dor.

Figures en couleurs.

120. Flora, ovvero Cultura dei fiori del F.-G.-B. Ferrari. *Roma*, 1638 ; in-4, v., *figures.*

Traduit du latin par Lodovico Aureli.

121. Histoire, culture, description, par Hippolyte Jamain. Eugène Porney, préface par Ch. Naudin, 60 chromolithographies d'après nature, par Grobon. *Paris, J. Rothschild*, 1873 ; in-4, demi-rel. maroq. bleu avec coins jans, tète dor., n. rogn.

122. Le Monde des bois, plantes et animaux, par Ferdinand Hœfer, dessins par Fremann, Raffet, Daubigny, etc. *Paris, J. Rothschild*, 1868; gr. in-8, chagr. amaranthe, fil. à comp., tête dor., n. rogn.

123. Les Jardins, histoire et description par Arthur Mangin, dessins par Anastasi, Daubigny, V. Foulquier, etc. *Tours, Alf. Mame*, 1867; gr. in-4, cart. perc. rouge, n. rogn.

124. Mon Jardin, géologie, botanique, histoire naturelle, cultures, par Alfred Since, traduit de l'anglais par Ed. Barbier, contenant 1,300 gravures sur bois et 25 planches hors texte. *Paris, Germer-Baillière* 1876; gr. in-8, demi-rel. maroq. viol. foncé avec coins, tête dor., n. rogn.

125. Le Livre de la ferme et de la maison de campagne, par M. P. Joigneaux. *Paris*, 1865 ; 2 vol. gr. in-8, texte à deux col., figures int., demi-rel., maroq. vert, tr. peign.

126 Cours élémentaire d'arboriculture, par Du Breuil. *Paris, Masson*, 1857 ; 2 vol. in-12, demi-rel. maroq. vert.

IV. — Médecine

127. Dictionnaire de médecine, par Littré et Ch. Robin. *Paris*, 1865 ; gr. in-8, demi-rel.

128. La Vie, physiologie humaine appliquée à l'hygiène et à la médecine, par le docteur Gustave Le Bon, ouvrage orné de 339 gravures sur bois. *Paris, J. Rothschild*, 1871 ; gr. in-8, maroq. brun, tr. peign.

129. La Phrénologie, le geste et la physionomie démontrés par 120 portraits, sujets et compositions gravés sur acier, texte et dessins par H. Bruyères, peintre. *Paris, Aubert*, 1847 ; gr. in-8, demi-rel. viol. plats toile, tr. dor.

BEAUX-ARTS

130 Gazette des Beaux-Arts. *Paris*, 1859 ; 11 livr. gr. in-8.

1re année. Manque la 7e livraison, 1er avril.

131. Dictionnaire des artistes ou notice historique et raisonnée des architectes, peintres, graveurs, sculpteurs, musiciens. *Paris*, 1776 ; 2 vol. in-12, v. rac.

132. Extrait des différents ouvrages publiés sur la Vie des peintres, par M. P. D. L. F. (Papillon de La Ferté). *A Paris, chez Ruault*, 1776 ; 2 vol. in-8, avec 2 *frontispices par J.-M. Moreau le jeune, gravés par Lempereur*, v. antiq., fil.

133. Le petit Trésor des artistes et des amateurs des arts, ou le Guide sûr et infaillible des peintres, sculpteurs, dessinateurs, graveurs, architectes, décorateurs, etc., dans le choix des sujets allégoriques ou emblématiques. *Paris, an VIII* ; 3 vol. in-12, contenant 400 sujets gravés, v. antiq.

134. L'Art de dessiner, par Jean Cousin, revu et augmenté de plusieurs morceaux d'après l'antique, avec leurs mesures et proportions, etc. *A Paris, chez Chereau*, 1750 ; in-4 obl., demi-cart.

135. Les vrais Principes du dessin suivis du Caractère des passions, par S. Le Clerc. *Paris*, *s. d.*; in-12 obl., *92 planches au trait*, cart.

136. Traité de perspective à l'usage des artistes, par M. Edme-Sébastien Jeaurat, ingénieur géographe du roy. *A Paris, chez Charles-Antoine Jombert*, 1750 ; in-4, v. antiq. marbr.

137. L'Art de laver ou nouvelle Manière de peindre sur le papier, par le sieur H. Gautier de Nismes. *A Lyon, chez Thomas Amaulry*, 1687 ; pet. in-12, v. brun.

138. Les Merveilles de la peinture, par Louis Viardot. *Paris*, *L. Hachette*, 1868 ; 2 vol. in-12, *vignettes sur bois*. joli cartonnage en percal. verte, n. rog. (*Behrens*).

Cet ouvrage fait partie de la bibliothèque des merveilles.

139. Le Livre des peintres et graveurs, par Michel de Marolles, abbé de Villeloin, publié par M. Georges Duplessis. *A Paris*, *P. Jannet*, 1855 ; in-12, v. fauve, fil., tr.-dor.

140. Mémoires pour servir à l'histoire de l'Académie royale de peinture et de sculpture, depuis 1648 jusqu'en 1664, publiés par M. Anatole de Montaiglon. *Paris*, *P. Jannet*, 1853 ; 2 vol. in-12, v. fauve, fil., dos orné, dent. int., tr.-dor.

141. Galerie de Saint-Bruno, peinte par Le Sueur, gravée par Villerey. *Paris*, 1816 ; in-8, dem.-rel. tr.-dor.

142. Les Galeries publiques de l'Europe, par M. J. G. D. Armengaud. — Rome. — *Paris*, J. Claye ; 4 parties en 3 vol. in-fol. br.

143. Museum Worsmianum seu Historia rerum rariarum. *Amstelodami*, 1855, in-fol., v. brun.

144. Essai sur la calligraphie des manuscrits du moyen-âge et sur les ornements des premiers livres d'heure imprimés, par E.-M. Langlois. *Rouen*, 1841 ; gr. in-8, dem.-rel. maroq., tête dor. n. rog.

145. The Art of illuminating as practised in Europe from the earliest time, illustrated by borders, initial letters and alphabets. *London*, 1860 ; in-4 (*cart. anglais*).

146. L'Art du dix-huitième siècle, par Edmond et Jules de Goncourt. *Paris*, *E. Dentu*, 1859-1870 ; vol. br. in-4. (Eaux-fortes).

Les Saint-Aubin. — Watteau. — Prudhon. — Boucher. — Greuze. — Chardin. — La Tour. — Debucourt. — Fragonard. — Les vignettistes Eisen, Moreau, Gravelot, Cochin.

147. Histoire de la caricature antique, par Champfleury. *Paris*, *Dentu*, *s. d.* ; in-12, figures, demi-rel. mar. bl.

148. Histoire de la caricature au moyen âge, par Champfleury. *Paris*, *Dentu*, *s. d.* ; in-12, figures, demi-rel. mar. bl. (*Figures*).

149. **Champfleury.** — Histoire de la caricature sous la République, l'Empire et la Restauration. — Histoire de la caricature moderne. *Paris*, *E. Dentu* ; 2 vol. in-12, demi-rel. maroq. bleu, tr. peign.

150. Essai sur l'histoire de la gravure sur bois, par Ambr. Firmin Didot. *Paris*, 1863 ; in-8 dem.-rel. mar. br.

151. De la Manière de graver à l'eau-forte et au burin, et de la gravure en manière noire, par Abraham Bosse. *Paris, Jombert*, 1758; in-8, v. figures.

152. Histoire artistique et archéologique de la gravure en France, par Alf. Bonardot. *Paris, Deflorenne neveu*, 1849 ; gr. in-8 cart. percal., n. rog. (*Behrens*).

153. Dictionnaire des graveurs anciens et modernes, par F. Basan. *Paris*, 1789 ; 2 vol. in-8, br. n. rog., frontispice de Cochin gravé par Langlois, fleuron gravé par Choffard et figures de Eisen, Amand, Cochin , Rigaud, Perelle, etc.

154. Gravures allégoriques sur l'amour divin ; in-12 drel.

Environ quarante planches sur cuivre.

155. Ethica naturalis seu Documenta moralia è variis rerum naturalium proprietatibus, symbolicis imaginibus collecta. *S. l. n. d.*; in-12, mar. r. (anc. rel.).

Cent planches avec texte. Le titre est remonté. Exemplaire de Warenghien.

156. Iconologie tirée de divers auteurs, par J.-B. Bondard. *Vienne*, 1766 ; 3 tomes en 1 vol. in-8, v. antiq.

157. Imagini degli Dei degli antichi di Vicenzo Cartari. *Venetia*, 1647 ; in-4 cart.

158. Galerie mythologique gravée en taille-douce, par François Strœber, avec les explications, par le Dr J.-M. Jost. *Berlin*, 1845 ; in-4 cart. tr. marbr.

Texte français, anglais et allemand.

159. Funerali antichi di diversi popoli et nationi, forma, ordine et pompa di sepolture, di esequie, di consecrationi antiche et d'altro, descritti in dialogo da Thomaso Porcacchi. *In Venetia*, 1574 ; in-4 v. brun.

160. Pompe funebri di tutte le nationi del mondo, raccolte dalle storie sacre et profane, dal s[r] Dott[re] Francisco Perucci. *In Verona*, 1639. — Le Pitture antiche del sepolcro de Nasoni nella via Flaminia, disegnate ed intagliate alla similitudine degli antichi originali, da Pietro Santi Bartoli descritte et illustrate da Gio. Pietro Bellori. *In Roma*, 1680 ; 2 ouvr. en 1 vol. in-fol. v. fauve antiq.

161. **Paul Lacroix.** — Mœurs, usages et costumes au moyen âge et à l'époque de la Renaissance. Les Arts au moyen âge. — Vie militaire et religieuse au moyen age. *Paris*, *Firmin Didot fr.*, 1872-73 ; ens. 3 vol. gr. in-8, dem.-rel. maroq. rouge, plate toile est., tr. dor.

Ouvrages illustrés de chromolithographies et de nombreuses figures sur bois.

162. Le Costume, ou Essai sur les habillements et les usages de plusieurs peuples de l'antiquité prouvé par les monuments, par André Lens. *A Liége*, 1776 ; in-4, *51 planches contenant 160 sujets*, v. écail dent., tr. dor.

163. **Costumes.** — Scelta di vestiture contadinesche del regno di Napoli. *S. d.*; in-4, *figures* coloriées.

164. Nuova Raccolta di cinquanta costumi pittoreschi incisi all'acquaforte, da Bartolomeo Pinelli, Romano. *In Roma*, 1817 ; in 4 dem.-rel. obl. maroq. brun, tête dor. n. rog.

165. Histoire du costume en France depuis les temps les plus reculés jusqu'à la fin du XVIIIe siècle, par J. Quicherat ; ouvrage contenant 481 gravures dessinées sur bois. *Paris*, *L. Hachette*, 1875 ; gr. in-8, dem.-rel. maroq. brun avec coins, fil., tête dor., n. rog.

166. Raccolta della jerarchia ecclesiastica considerata nelle vesti sagre e civili usate da quelli li quali la compongono, disegnata ed incisa da Giuseppe Capparoni. *Roma*, 1827 ; in-4 cart. n. rog.

167. Iconografia, cioè Disegni d'immagini de' famosissimi monarchi, regi, filosofi, poeti ed oratori dell' antichità, cavati da Giovan Angelo Canini. *In Roma*, 1669 ; in-4, v. antiq. marbr.

168. Jacobi Philippi Thomasini Illustrium virorum elogia iconibus exornata. *Patavii*, 1630 ; in-4 parch., frontispice, portraits et médaillons.

Première partie donnée par Charles Patin. Elle contient les médecins, les théologiens et les philosophes.

169. Lycæum Patavinum sive Icones et vitæ professorum Patavii, M.DCLXXXII, publicè docentium. *Patavii*, 1682 ; in-4 vélin, portraits.

170. Le Avventure di Saffo. *Roma*, 1783 ; in-4 cart., *18 planches au lavis.*

171. Les Vertus et les Vices; in-fol. dem.-rel.

Quatorze planches formant deux séries. La troisième est incomplète de deux planches.

172. Copie d'eaux-fortes de Rembrandt ; 12 planches in-4 obl. dem.-rel.

173. Œuvres choisies de Sébastien Leclerc, chevalier romain, dessinateur et graveur du cabinet du Roi, contenant 239 estampes dessinées et gravées par ce célèbre artiste. *Paris*, *chez Lamy*, 1784 ; in-4, dem.-rel. bas.

174. Figures pour Ovide ; environ 130 planches remontées, in-4 drel.

Johannes Matthœus fecit.

175. Le Triomphe de la Mort, gravé d'après les dessins originaux de Holbein, par Chrétien de Méchel, graveur à Basles, 1780 ; in-12 carré, maroq. rouge jans., tête dor.

Réimpression faite à Paris.

176. L'Alphabet de la Mort de Hans Holbein, entouré de bordures du XVIe siècle, publié d'après les manuscrits par Anatole de Montaiglon. *Paris, Edwin Tross*, 1856 ; in-8 cart. perc.

177. La Danse des morts, dessinée par Hans Holbein, gravée sur pierre par Joseph Schlothouer, expliquée par Hippolyte Fortoul. *Paris, s. d.* ; in-12 carré, dem.-rel. avec coins dem.-rel. maroq. vert, fleurons, tête dor., n. rog. (*53 vignettes* remontées).

178. Le Temple des Muses orné de 60 tableaux où sont représentés les événements les plus remarquables de l'antiquité fabuleuse, dessinés et gravés par B. Picart, le Romain, et autres habiles maîtres et accompagnés d'explications et de remarques. *Amsterdam, chez Zacharie Châtelain*, 1742 ; gr. in-fol. maroq. rouge, fil., tr. dor. (ancienne reliure fatiguée).

179. **La Fontaine.** Figures pour les Fables ; in-8 cart.

Suite de figures modernes sur bois.

180. Eaux-fortes et Épreuves choisies du voyage de Naples et de Sicile, *recueil de 134 planches par Perrier, Duplessis Bertaux, Germain, Coiny, Delin* ; in-4 obl., v. rac. larg. dent., tr. dor.

La plupart de ces planches sont avant la lettre.

181. Eaux-fortes et Épreuves choisies du voyage de Naples et de Sicile (publiées par l'abbé de Saint-Non) ; gr. in-fol. v. écail, dent. à comp., tr. dor.

La plupart de ces planches sont avant la lettre.

182. De Voornaamste Gevallen van den wonderlyken Don Quichot door den Berœmden Picart den Romein en andere voornaame meesters, in 31 kunstplaaten, na de Uitmuntende Schilderyen van Coypel. *In Haye, by Pieter de Hondt*, 1746 ; in-4 v. antiq. marbr.

183. Guide de l'amateur de livres à vignettes du XVIIIe siècle, par Henry Cohen. *Paris, Rouquette*, 1870; in-8 br.

Couvert de notes manuscrites au crayon.

184. **Lancret et Boucher.** Figures pour les Contes de La Fontaine. 20 pièces in-fol.

185. **J.-J. Rousseau.** Suite de 43 figures de Devéria, sur chine.

186. **Eisen, Marillier, Le Barbier**, etc. Suite de 77 pièces vignettes ou culs-de-lampe ; in-4, tirées de divers ouvrages.

187. **Pygmalion.** Suite de 6 planches in-fol., d'après Eisen.

188. Le Trasformationi di Lodovico Dolce. *In Venetia, Giolita*, 1553 ; in-4 bas.

Figures sur bois.

189. **Shakespeare.** Suite des gravures de Stothard et Smirke. *London*, 1786 ; 40 planches in-4 non rognées.

190. Les Beautés de lord Byron, galerie de quinze tableaux tirés de ses œuvres, accompagnée d'un texte traduit par Amédée Pichot. *Paris*, 1839 ; gr. in-8 dem.-rel. maroq. rouge, plats toile fil., tr. dor.

191. Recueil de 20 vignettes gravées à l'eau-forte par Duplessis-Bertaux. En 1 vol. in-12 obl., demi-rel. v. antiq.

192. **Duplessis-Bertaux.** Recueil d'eaux-fortes ; in-4 obl.

193. Estampes allégoriques des événements les plus connus de l'histoire de France (par le président Henault). *A Paris, chez Conchi*, 1768; in-4. *Portrait du président Henault par Cochin et gravé par E. Gaucheret, 35 figures par Cochin gravées par L. Prevost, Aliamet, Rousseau, Tillard et Delignon, v. fauve antiq., fil.*, tr. dor.

194. Collection de seize gravures des principaux événements de la Révolution française. *Paris, chez Treuttel et Würtz, s. d.*; gravures par Moreau, Bertaux, in-8 en ff.

195. Gravures pour l'histoire de France. *126 planches dessinées par Manet, Lepicié, Moreau le jeune, gravées par Lebas, Gabr. Tessier, D. Martini, Langlois, Emerie, Patas, Garreau*, etc.; in-4, v. écail., fil., tr. dor.

Gravures à mi-pages avec texte gravé.

196. Paris dans les caves. *S. d.*, in-fol.

Caricatures.

197. Les Français peints par eux-mêmes. Encyclopédie morale du dix-neuvième siècle, illustrée par MM. Daumier, Gagniet, Gavarni, Granville, Malepeau, Meissonier, Pauquet, etc. *Paris, Curmer*, 1841; 9 vol. gr. in-8, v. fauve, fil., tr. dor.

Paris, 5 vol. — Province, 3 vol. — Le Prisme, 1 vol.

198. Œuvres choisies de Gavarni, revues, corrigées et nouvellement classées par l'auteur. *Paris, J. Hetzel*, 1846; 4 vol. gr. in-8, demi-rel. chagr. vert.

199. Gavarni in London : Sketches of life and character with illustrative essays by popular writers. *London*, 1849; in-4, demi-rel. v. vert, tr. marbr.

200. La Correctionnelle, petites causes célèbres, études de mœurs populaires au XIXe siècle, accompagnées de cent dessins par Gavarni. *Paris, Martinon*, 1840; in-4, demi-rel. v. fauve.

201. Les Joyaux, par Gavarni, texte par Mery. *Paris, de Gonet, s.d.*; gr. in-8, cart. fig.

202. Scènes de la vie privée et publique des Animaux, vignettes par Grandville. *Paris, Paulin*, 1842. 2 vol. gr. in-8, chagr. viol. à comp., tr. dor.

203. Le Diable à Paris. — Paris et les Parisiens, texte par George Sand, J. Stahl, L. Gozlan, Fr. Soulié, Ch. Nodier, de Balzac, Alph. Karr., Méry, Gérard de Nerval, etc., illustré par Gavarni et Bertall. *Paris*, 1845; 2 vol. gr. in-8, demi-rel. chag. vert, plats toile, tr. jasp.

204. Les Métamorphoses du jour, par Granville, accompagnées d'un texte par MM. Albéric Second, Taxile Delord, Ch. Monselet, L. Huart, etc. *Paris, G. Havart*, 1854; gr. in-8, figures en couleurs, demi-rel. chagr. noir, plats toile, tr. dor.

205. Les Étoiles, dernière féerie par J. J. Grandville, texte par Méry.—Astronomie des Dames, par le comte Foelix. *Paris*, 1858; gr. in-8, demi-rel. maroq. brun, dos orné, tr. jasp.

206. Paris-Londres, Keepsake français, nouvelles inédites illustrées. *Paris, Delloye*, 1837-1838; 2 vol. in-8. Gravures anglaises sur acier, demi-rel. maroq. viol. avec coins, tr. marbr.

207. I Pupazzi, texte, images par Lemercier de Neuville. *Paris, E. Dentu*, 1866; in-12, demi-rel. maroq. bleu, tr. peigne.

208. Cent Proverbes par Grandville. *Paris, Fournier*, 1845; gr. in-8, demi-rel. fig.

209. Un autre Monde, par Granville. *Paris, Fou rnier, s.d.*; gr. in-8, cart., fig.

210. Ce qu'on dit et ce qu'on pense, petites scènes du monde, par Gabriel Scheffer. In-fol. obl., *figures en couleurs.*

211. Les Fleurs animées, par J.-J. Grandville, introduction par Alph. Karr, texte par Taxile Delord. *Paris, Gabr. de Gonet*, 1847; in-4, v. bleu, fil., tr. dor.

212. Les Beautés de l'Opéra. *Paris*, 1845; gr. in-8, demi-rel., fig. sur acier.

213. L'Écrin d'une reine. Album artistique. *Paris, s. d.*; in-4, cart., *fig. sur acier.*

214. Manuel de l'histoire générale de l'architecture chez tous les peuples et particulièrement de l'architecture en France au moyen âge, par Daniel Ramé. *Paris, Paulin*, 1843; 2 vol. in-12, demi-rel. maroq. noir.

215. Histoire de l'habitation humaine depuis les temps préhistoriques jusqu'à nos jours, texte et dessins par Viollet-Le-Duc. *Paris, J. Hetzel, s. d.*; gr. in-8, demi-rel. maroq. rouge, avec coins, tête dor., non rog.

216. Histoire de la cathédrale de Poitiers, par M. l'abbé Auber, ouvrage orné de 30 planches lithographiées. *Poitiers et Paris*, 1849 ; 2 vol. gr. in-8, demi-rel. maroq. viol., tr. peign.

217. Terræ musei Regii Dresdensis quas digessit, descripsit, illustravit D. Christianus Gottlieb Ludwig, accedunt terrarum sigillatarum figuræ. *Lipsiæ*, 1748; in-fol., demi-rel. bas.

218. Collection des desseins des figures colossales et des groupes qui ont été faits de neige dans plusieurs cours de maisons de la ville d'Anvers, le mois de janvier 1772, par différents artistes et élèves de l'Académie royale de dessein établie en la même ville, par le comte de Robiano. *A Anvers, s. d.*; in-8, *24 planches gravées*, v. antiq. marbr.

ARTS INDUSTRIELS

ET

ARTS DIVERS

219. L'Exposition universelle de 1867 illustrée, publication internationale autorisée par la Commission impériale. *Paris, s. d.*; gr. in-4, demi-rel. maroq. viol., tr. peign.

220. Le Vieux Neuf, histoire ancienne des inventions et découvertes modernes, par Ed. Fournier. *Paris, E. Dentu*, 1859; 2 vol. in-12, demi-rel. maroq. rouge, tr. peigne.

221. Guide de l'amateur de faïence et porcelaine, poterie, terres cuites, peinture sur lave et émaux, par M. Aug. Demmin. *Paris, veuve J. Renouard*, 1863; in-12, dem.-rel., mar. bistre, tête dor., n. rog.

222. Histoire des poteries, faïences et porcelaines, par M. J. Marryat, ouvrage traduit de l'anglais par MM. le comte d'Armaillé et Salvetat. *Paris, veuve J. Renouard*, 1866; 2 vol. in-8, figures ins. dans le texte, mar. vert du Lev. jan., tête dor., n. rog.

223. Histoire de la chaussure, par Paul Lacroix. *Paris, Delahays*, 1862; gr. in-8, br. *Figures*.

224. **Il Ballarino** di M. Fabritio Caroso da Sermoneto. *Venetia*, 1581; in-4, bas.

Musique notée et figures de costumes. Piqûres de vers. Ouvrage curieux dédié à la signora Bianca Capello.

225. De la Danse, par Moreau de Saint-Méry. *Parme, Bodoni.* 1803, in-12, dem.-rel. mar.

226. Les Chansons pour dancer, de L. Mollier. *Paris, par Robert Ballard, imprimeur du roy.* 1640-42, 2 parties. — Recueil des chansons à dancer et à boire de Denis Macé, maistre de musique. *Paris, par Robert Ballard.* 1643; ens. 3 parties en 1 vol. in-12, *musique notée*, mar. rouge, dos orné fil. dent. int., tr. dor. (*Capé*).

227. Premier livre d'airs sérieux et à boire, à 2 et 3 parties, par M. de Lalo. *Paris, par Christ Ballard,* 1684; in-12, obl. dem.-rel. (Basse).

228. Le Doux entretien des bonnes compagnies, ou Recueil des plus beaux airs à danser. *Paris, J. Gay*, 1869; in-12, mar. vert, fil. à comp. sur le dos et les plats, dent. int., tête dor., n. rog. (*Dupré*).

Réimpression de l'édition de 1634, un des six exemplaires sur papier de Chine.

229. Le Cuisinier français enseignant la manière de bien apprêter et assaisonner toutes sortes de viandes grasses et maigres, légumes, pâtisseries et autres mets qui se servent tant sur les tables des grands que des particuliers, avec une instruction pour faire des confitures et des tables nécessaires, par le sieur de La Varenne, escuyer. *A La Haye, chez Adrian Vlacq*, 1656; in-12. front. gravé, mar. vert, dos orné fil., dent. int., tr. dor. (*Hardy Mennil*).

Bel exemplaire aux armes du prince d'Essling. Haut. 130 millim.

230. Le Nouveau Cuisinier royal et bourgeois. *Paris, Prudhomme*, 1715; 2 vol. in-12, v. f.

231. **Brillat-Savarin.** — Physiologie du goût précédée d'une notice par Alp. Karr, dessin de Bertall. *Paris, Furne*, 1864; gr. in-8, dem.-rel., mar. rouge avec coins fil., dos orné, tête dor., n. rog.

232. Le Livre de cuisine par J. Gouffé, comprenant la cuisine de ménage et la grande cuisine, avec 25 planches imprimées en chromolithographie, et 161 vignettes sur bois. *Paris, L. Hachette*, 1867; fort vol. gr. in-8, dem.-rel. mar. noir, plat toile, tr. jasp.

233. Le vrai Patineur, ou Principes sur l'art de patiner avec grâce, par Garcin. *Paris*, 1813; in-12, dem.-rel. mar.

Figures coloriées.

234. L'Art de nager, avec des avis pour se baigner utilement, par Thévenot, orné de 22 figures dessinées et gravées par Ch. Moette. *Paris, chez Lamy*, 1782; in-12, v. brun.

235. Ordini di cavalcare del S. Grisone. *In Venetia*, 1620; in-4, vélin, figures.

236. La Pratique du cavalier ou l'Exercice de monter à cheval, par René de Messon. *Paris*, 1650; in-4, vélin *Figures*.

Rare.

237. Il vero Maneggio di spada d'Alessandro Senese, gentiluomo bolognese. *In Bologna*, 1660; pet. in-fol., dem.-rel. mar. amarante jans., tête dor., n. rog. (*Reliure moderne*).

238. L'Instruction du roy en l'exercice de monter à cheval, par messire Antoine de Pluvinel, son sous-gouverneur. *Paris, chez Pierre Rocolet*, 1627; in-fol., *grandes planches*, bas.

239. Description du manége moderne dans sa perfection, expliqué par des leçons nécessaires, et représenté par des figures exactes depuis l'assiette de l'homme à cheval jusqu'à l'arrest, accompagnée aussi de divers mords pour bien brider les chevaux, écrite et dessinée par le baron d'Eisenberg, et gravée par B. Picart. *A La Haye*, 1733; in-4 obl., dem.-rel. mar. bleu, tète dor., n. rog.

240. Traité de la cavalerie, ou la Manière de devenir bon écuyer, par Gaspard de Saunier. *Paris*, *Jombert*, 1756; in-fol., v. br., fig.

Exemplaire fatigué.

241. La Nouvelle méthode de dresser les chevaux, par M. de Newcastle. *Londres*, 1757; gr. in-fol., *grandes planches*, bas., tr. dor.

242. Traité d'équitation illustré, précédé d'un aperçu des diverses modifications et changements apportés dans l'équitation depuis le XVIe siècle jusqu'à nos jours, par le comte d'Aure. *Paris, J. Dumaine,* 1870; gr. in-8, dem.-rel., mar. vert jans., tête dor., n. rog.

243. Traité raisonné d'équitation, par F. Boucher. *Paris*, *Dentu*, *s. d.*, in-8, dem.-rel. mar. br.

244. Le Maître d'armes, ou l'Exercice de l'épée seule dans sa perfection, dédié à Monseigneur le duc de Bourgogne, par le sieur de Liancour. *Paris*, 1680; pet. in-4, obl., planches gravées, v. antiq., marb.

Le titre frontispice est remmargé. Le portrait d'André Wermesson, sieur de Lyancourt, est remonté et double, et le dernier feuillet a des raccommodages.

245. L'Art des armes, par Danet. *Paris*, *Belin*, *an II*, 2 t. en 1 vol. in-8, dem.-rel., figures.

246. Le Livre du roy Modus et de la royne Racio, nouvelle édition publiée par Elzéar Blaze. *Paris*, 1839, in-4, mar. rouge jans., dent. int., tr. dor. (*Petit, succ. de Simier*).

247. La Vénerie de Jacques du Fouilloux, précédée de quelques notes biographiques, et d'une notice bibliographique. *Angers, Ch. Lebossé*, 1844; in-4, chagr. viol., larges filets, à comp. sur le dos et les plats, tr. dor.

248. La Chasse royale, composée par le roy Charles IX. *Paris, Potiers*, 1857; in-12, dem.-rel. mar. v., avec coins.

249. Livre du roy Charles. De la chasse du cerf, publié pour la première fois d'après le manuscrit de la bibliothèque de l'Institut, par Henri Chevreul. *Paris, Aug. Aubry*, 1859; pet. in-8, dem.-rel. mar. vert, n. rog.

250. Traité de la vénerie, par feu M. Budé, trad. du latin, par Loys Le Roy, publié pour la première fois par Henri Chevreul. *Paris, Aubry*, 1861; in-8, mar. vert, fil., tr. dor. (Capé). L'un des 5 exempl. sur chine.

251. Le Livre de la Chasse du grand seneschal de Normandye, publ. par le baron Jérôme Pichon. *Paris, Aubry*, 1858; in-12, dem.-rel. mar.

252. La Fauconnerie ancienne et moderne, par J.-C. Chenu et O. des Murs. *Paris, L. Hachette*, 1862; in-12, dem.-rel. mar. f.

253. Discours de l'antagonie du chien et du lièvre, composé par messire Jehan du Bec, abbé de Mortimer. 1593; petit in-8, dem.-rel. mar.

Réimpression à soixante-deux exemplaires par les soins de Vernant.

254. La Chasse du Lièvre, avecques les levriers. *S. l.*, 1599; in-4, dem.-rel.

Pièce sur vers. Réimpression faite à soixante-deux exemplaires, par Aug. Vernant.

255. Delle Caccie di Eugenio Raimondi Bresciano libri quattro. *S. l.*, 1630; in-4, parch.

256. La Chasse du Loup, par Jean Clamorgan. *Lyon, Simon Rigaud*, 1654; in-4, dem.-rel. mar. v., figures.

257. La Vénerie royale, par de Salnove. *Paris, Ant. de Sommaville*, 1665; in-4, mar. br. jans., tr. dor. (Dupré).

Frontispice gravé. A la fin du volume se trouve le *Dictionnaire des chasseurs*, 38 pages.

258. Amusemens de la Chasse et de la Pêche où l'on enseigne la manière de prendre toutes sortes d'oiseaux et d'animaux à quatre piès (*sic*). *A Amsterdam* et à *Leipzig*, 1743; 2 vol. in-12, figures, v. antiq.

259. Traité de Vénerie, par M. d'Yauville, premier veneur et ancien commandant de la vénerie du roi. *A Paris, de l'imprimerie royale*, 1788; in-4, *musique notée*, v. antiq. marbr. (*Armoiries de France sur les plats*).

260. Le Tir au fusil de chasse, à la carabine et au pistolet, par Adolphe d'Houdetot. *Paris, Charpentier*, 1857; in-12, dem.-rel. v. f.

261. Récits d'un Chasseur, par Yvan Tourguénef, traduits par M. Delavau, illustrations de Godefroy Durand. *Paris, E. Dentu*, 1858; in-12, dem.-rel. mar. v., fil., tr. peign.

262. Souvenirs de chasse, par Louis Viardot. *Paris, L. Hachette*, 1859; in-12, dem.-rel. mar. v., tr. peign.

263. Les Veillées de chasse, par le capitaine Mayne-Reid, traduit par Benedict Revoil et illustré de 43 vignettes. *Paris, L. Hachette*, 1861. — Chasses de l'Algérie et notes sur les Arabes du Sud, par le général A. Marguerite. *Paris, Furne*, 1869. — Les Chasses sauvages de l'Inde, par Germain de Lagny. *Paris, E. Dentu*, 1862; ens. 3 vol. in-12, dem.-rel. mar.

264. **Benjamin Gastineau.** Chasses au lion et à la panthère, en Afrique, illustrées de 17 dessins, par Gustave Doré. *Paris, L. Hachette*, 1868; gr. in-8, cart., perc. n. rog. (*Behrens*).

265. **Adolphe d'Houdetot.** La petite Vénerie ou la chasse au chien courant. — Galerie des Chassseurs illustres. *Paris*, *Charpentier*, 1855-1861 ; 2 vol. in-12 avec 3 dessins d'Horace Vernet, dem.-rel. mar. f.

266. La Vénerie contemporaine, par le marquis de Foudras. *Paris*, *E. Dentu*, 1861.

267. Bombonnel le tueur de panthères, ses chasses écrites par lui-même. *Paris*, *Hachette*, 1863. — Le Chasseur conteur ou les Chroniques de la chasse, par Elzéar Blaze. — Mes Chasses au lion, par F. Chassaing. *Paris*, *E. Dentu*, 1865; ens. 3 vol. in-12, dem.-rel. mar. r., fil., tr. peign.

BELLES-LETTRES

I. — Linguistique

268. Grammaire générale et raisonnée de Port-Royal, par Arnauld et Lancelot, précédée d'un Essai sur l'origine et les progrès de la langue française, par M. Petitot. *Paris*, 1803; in-8, dem.-rel. mar. v., tête dor., n. rogn.

269. Leçons de grammaire, par l'abbé Gaultier. *Paris*, 1787; in-8, mar. r., fil., tr. dor.

270. Grammaire des Grammaires, par Girault-Duvivier. *Paris, Janet et Cotelle*, 1827 ; 2 vol. in-8, dem.-rel. v. ant.

271. Dictionnaire universel de la langue française, avec le latin et l'étymologie, par C. Boiste. *Paris*, 1841 ; in-4, mar. bl., fil., tr. marbr.

272. Le Dictionnaire des précieuses, par le sieur de Somaize, nouvelle édition publiée par Ch.-L. Livet. *Paris, P. Jannet*, 1856; 2 vol. in-12, v. f., dos orné, fil., dent. int., tr. dor.

273. Études de philologie comparée sur l'argot et sur les idiomes analogues parlés en Europe. *Paris, Firmin Didot frères*, 1856 ; gr. in-8, texte à deux col., dem.-rel. mar. br. avec coins, tête dor., n. rog.

274. Dictionnaire comique, satyrique, critique, burlesque, libre et proverbial, par Leroux. *A Pampelune*, 1876 ; 2 vol. in-8 bas.

275. Recueil des factums d'Antoine Furetière, publ. par Asselineau. *Paris, Poulet-Malassis*, 1859; 2 vol. in-12 br.

276. Le Origini della Lingua italiana compilate dal S[re] Egidio Menagio, gentiluomo francese. *In Geneva*, 1685; in-fol., v. br.

277. Della Lingua toscana di Benedetto Buommattei publico lettore di essa nello studio pisano et fiorentino. *Milano*, 1807 ; 2 vol. in-8, *portrait*, dem.-rel. v. f., n. rog.

278. Vocabolario degli accademici della Crusca. *In Venezia*, 1763; 5 vol. in-4, v. f. antiq.

279. Dictionnaire italien-françois et françois-italien, par Nathaniel Duez. *Genève, Samuel de Tournes*, 1678; 2 vol. petit in-8 bas, fil.

280. A Dictionary of the english and italian language, by Joseph Baretti. — Italiano ed inglese. *London*, 1760; 2 vol. in-4, v. antiq., marbr.

281. Dictionnaire chinois, français et latin, publié par M. de Guignes. *Paris, de l'Imprimerie impériale*, 1813, fort vol, gr. in-fol., v. rac.

II. — Poésie

282. Anacréon, Sapho, Bion et Moschus, traduction nouvelle en prose, par (Moutonnet de Clairfons). *A Paphos, et se trouve à Paris chez Le Boucher*, 1773; gr. in-8, v. m., fil., tr. dor.

Fleurons et vignettes d'Eisen. A la fin du volume se trouve le poème d'*Héro* et *Léandre*, avec une vignette d'Eisen.

283. Anacréon, Sapho, Bion et Moschus, traduction nouvelle, par (Moutonnet de Clairfons). *A Paphos, et se trouve à Paris*, 1780; in-8, mar. v., fil., tr. dor.

Papier de Hollande.

284. Les Georgiques de Virgile, traduction nouvelle en vers françois, par M. Delille. *Paris, chez C. Bleuet*, 1770; in-8, 4 figures d'Eisen gravées par de Longueil, dem.-rel. bas.

285. L'Eneide di Virgilio del Commendatore Annibal Caro. *In Parigi*, 1776; 2 vol. in-8, pap. de Holl., br.

Figures de Zocchi.

286. P. Ovidii Opera. Edidit C. Schrevelius. *Lugduni Batavorum, ex officina Petri Leffen*, 1661; 3 vol., frontispices et figures gravées, v. br.

287. P. Ovidii Nasonis Opera quæ supersunt. *Parisiis, typis J. Barbou*, 1762 ; 3 vol. in-12, *3 figures et vignettes par Eisen, gravées par de Baquoy et de Longueil*, v. gr., fil., tr. dor.

288. Metamorphoses Ovidii. *Parisis, apud Hieronymum de Marnef*, 1583 ; in-18, *figures sur bois*, v. f. fil., tr. dor.

289. La Métamorphose d'Ovide figurée. *A Lyon, par Jean de Tournes, imprimeur du Roy*, 1583 ; petit in-8, *figures sur bois, texte encadré*, mar. r., n. rog.

290. — Les Métamorphoses d'Ovide, traduites en prose françoise et de nouveau soigneusement revueues, corrigées en infinis endroits et enrichies de figures à chacune fable, avec quinze discours contenans l'explication morale et historique, de plus, outre le jugement de Pâris, augmentée de la Métamorphose des Abeilles, traduite de Virgile, de quelques epistres d'Ovide et autres divers traitez. *A Paris, chez Aug. Courbé*, 1651 ; in-fol., dem.-rel., mar. v., tr. r. (*reliure moderne*).

291 Ovidii Nasonis Metamorphosis, oder Ovidii des Poeten wunderliche Verenderung verschidener gestalden an Tag gegeben und verlegt durch Melchioren Kysell zu Augspurg. 1681. *98 planches gravées*, dem.-rel. vél.

292. Les Métamorphoses d'Ovide mises en vers françois par E. Corneille. *Suivant la copie. A Liége, chez Jean-François Broncark*, 1698 ; 3 tomes en 1 vol. in-12, fig., à mi-page, v. antiq.

293. Les Métamorphoses d'Ovide avec des explications à la fin de chaque fable. Traduction nouvelle, par l'abbé de Bellegarde, *Paris, Michel Brunet*, 1701 ; 2 vol. in-8. v.

294. Les Métamorphoses d'Ovide en latin et françois, divisées en XV livres, avec de nouvelles explications historiques, morales et politiques sur toutes les fables, chacune selon son sujet, de la traduction de M. Pierre Du Ryer, Parisien, édition nouvelle, enrichie de très-belle figures. *A Amsterdam, chez P. et J. Blaeu*, 1702; gr. in-fol., v. antiq. marbr.

295. Les Métamorphoses d'Ovide en latin, traduites en françois avec des remarques et des explications historiques, par l'abbé Banier. Ouvrage enrichi de figures gravées par Bernard Picart et autres habiles maîtres. *A Amsterdam, chez R. et J. Wetstein et G. Smith*, 1732; 2 vol. in-fol. cart. n. rog.

296. Les Métamorphoses d'Ovide en latin, traduites en françois avec des remarques et des explications historiques par M. l'Abbé Banier. Ouvrage enrichi de figures gravées par B. Picart et autres habiles maîtres. *Amsterdam*. 1732 ; gr. in-fol., v. rac.

297. Les Métamorphoses d'Ovide en latin et en françois, de la traduction de M. l'abbé Banier avec des explications historiques. *Paris, chez Hochereau et Despilly*. 1767 ; 4 v. in-4, 4 fleurons sur les titres gravés par Choffart. Titre-frontispice et figures par Eisen, Monnet, Gravelot, Le Prince, J. Moreau, v. porphy., fil., tr. dor.

298. Les Métamorphoses d'Ovide, trad. nouv., par Malfilâtre. *Paris*, 1803; 3 vol, in-8 bas. *Figures*.

299. Les Métamorphoses d'Ovide, traduc. nouv. avec le texte latin, par M. G. E. Villenave, ornée de gravures d'après les dessins de MM. Lebarbier, Monsiau et Moreau. *A Paris*, 1806; 4 vol. in-4 cart. n. rog,

300. Métamorphoses d'Ovide en rondeaux imprimez et enrichis de figures par ordre de Sa Majesté et dediez à Mgr. le Dauphin. *Paris, de l'Imprimerie royale*, 1676; in-4, frontispice de Ch. Le Brun, gravé par S. Le Clère, maroq. vert foncé du Lev., dos orné., fil., dent. int., tr. dor. (*Reliure moderne.*)

301. L'Ovide travesty ou les Métamorphose burlesques, par Dassoucy. *Paris, chez Étienne Loyson*, 1659; 6 parties en 1 vol. in-12, mar. rouge, fil., dent. int., tr. dor. (*Petit, successeur de Simier.*)

302. Les OEuvres galantes et amoureuses d'Ovide. *Amst.*, 1770; 2 vol. in-12, mar. v., fil., tr. dor. (*Anc. rel.*).

303. Di Tito Lucrezio Caro della Natura delle cose, libri sei, tradotti dal latino in itatiano da Alessandro Marchetti. *In Amsterdamo*, 1754; 2 vol. gr. in-8, frontispice. Titres, figures et vignettes par Eisen et Cochin, gravées par Le Mire et Chenu, v. porphy., fil., tr. marb.

304. Les OEuvres latines et françoises de Nicolas Rapin, Poictevin, grand prévost de la connétablie de France. *Paris, chez Olivier de Varennes*, 1610 ; pet. in-fol. maroq. bleu. jans., dent. int., tr. dor. (*Duru.*)

305. Les Plaisirs du gentilhomme champêtre de Nicolas Rapin, précédés d'une notice par B. Fillon. *Paris, Techener*, 1853; in-12, v. f., tr. dor.

Tiré à 100 exemplaires.

---

306. **Collection des poëtes français du moyen âge**. *Paris, Aubry*. 1852 ; 5 vol. in-8 vél. blanc.

La Vie de saint Thomas, le martyr. — Le Bestiaire d'amour. — Amadis et Yvoine. — Le bel Inconnu. — Messire Gauvain.

307. Recueil de poésies françoises des xve et xvie siècles. Morales, facéties historiques réunies et annotées par M. Anatole de Montaiglon. *Paris, Pierre Jannet*, 1855, *et Paul Daffis*, 1875; 10 vol. in-12 cart. percal. rouge, n. rog. (*État de neuf.*)

308. Les Anciens Poëtes de la France, publiés par M. F. Guessard. *Paris, F. Vieweg*, 1860; 6 vol. in-12, cart. brun n. rog.

Gaydon. — Aye d'Avignon. — Gui de Nanteil. — Huon de Bordeaux. — Doon de Maience. — Gauffrey. — Hugues Capet.

309. Collection des poëtes français, publiée par Coustelier. *Paris, Durand*, 1762; 10 vol. in-12, v. écail., fil., tr. marbr.

La Farce de maistre Pierre Pathelin. — Les Poésies de Guillaume Coquillart. — La Légende de maistre Pierre Faifeu. — Œuvres de François Villon. — Poésies de Guillaume Crétin. — Les Poésies de Martial de Paris, 2 vol. — Œuvres de Jean Marot. — Œuvres de Racan, 2 vol.

310. Recueil des plus belles pièces des poëtes français tant anciens que modernes, depuis Villon jusqu'à M. de Benserade. *Paris, chez Claude Barbin*, 1692; 5 vol. in-12, v. antiq.

311. Fabliaux ou Contes, fables et romans du xiie et du xiiie siècle, traduits ou extraits par Legrand d'Aussy. *Paris, J. Renouard*, 1829; 5 vol. in-8, gravures, demi-rel. v. fauve.

312. Floire et Blanceflor, poëmes du xiie siècle, publiés par M. Edelestard Du Méril. *Paris, P. Jannet*, 1856; in-12, v. fauve, fil., tr. dor.

313. Vie de Monseigneur saint Martin de Tours, par Péan Gatineau, poëte du xiiie siècle, publiée par M. l'abbé J. Bourassé. *Tours, impr. Ad. Mame*, 1860; gr. in-8, maroq. rouge, dos orné, fil., dent. int., tr. dor. (*Dupré.*)

314. La Vieille ou les Dernières amours d'Ovide, poëme françois du XIVe siècle, publié par Hipp. Cocheris. *Paris, Aug. Aubry*, 1861; in-12, demi-rel. maroq. rouge, tête dor., n. rog.

315. Les Églises et Monastères de Paris, pièces en prose et en vers des IX et XIVe siècles, publiées par Bordier. *Paris, Aubry*, 1856; in-12 demi-rel. mar. bl.

316. Fierabras, légende nationale traduite par Mary Lafon et illustrée de douze gravures, par G. Doré. *Paris*, 1857; gr. in-8, chagrin vert, dos et plats à comp., tr. dor.

317. La Chanson de Roland, texte critique accompagné d'une traduction nouvelle et précédé d'une introduction historique, par Léon Gautier, avec eaux-fortes par Chifflart et V. Foulquier.—Seconde partie contenant les notes et variantes. *Tours, Alf. Mame*, 1872; 2 vol. gr. in-8.

Exemplaire en grand papier de Hollande.

318. Le Roman de la Rose par Guillaume de Lorris et Jehan de Meung, nouvelle édition publiée par M. Méon. *Paris, de l'imprimerie de P. Didot l'aîné*, 1814; 4 vol. in-8. *Figures de Ch. Monnet et Mannet*, v. rose, orn. à froid, tr.-dor.

Exemplaire sur papier vélin.

319. Li Romans de Dolopathos publié par MM. Ch. Brunet et Anatole de Montaiglon. *Paris, P. Jannet*, 1856; in-12, v. fauve, dos orné, fil., dent. int., tr.-dor.

320. Le Roman de Jehan de Paris, publié par Em. Mabille. *Paris, P. Jannet*, 1855, in-12, v. fauve fil., tr. dor. (*Dupré*.)

321. Gerard de Rossillon. Chanson de geste ancienne, publiée en provençal et en français par Francisque Michel. *A Paris, chez P. Jannet*, 1856; in-12, v. fauv., fil., tr. dor.

322. Fabliaux ou Contes du XIIe et du XIIIe siècle, avec notes par Legrand d'Aussy. *Paris, Eug. Onfroy*, 1779-1781 ; 4 vol. in-8, v.

323. Chansons, Ballades et Rondeaux de Jehannot de Lescurel, poète du XVIIe siècle, publiés par Anatole de Montaiglon. *Paris, P. Jannet*, 1855 ; in-12, v. fauv., dos orné, fil., dent. int., tr. dor. (*Dupré*).

324. Poésies de Clotilde de Surville, poète français du XVe siècle. Nouvelle édition publiée par C. Vanderbourg, ornée de gravures d'après Colin. *Paris, Nepveu*, 1825 ; 2 vol. in-12, dem.-rel., v. rose.

325. Les vers de maître Henri Baude, poète du XVe siècle, recueillis et publiés par M. J. Quicherat. *Paris, Aubry*, 1856 ; in-12, dem.-rel., chagr. viol., tête dor., n. rog.

326. Le Roman du Renart, publié d'après les manuscrits des XIIIe et XVe siècles, par Méon. *Paris, Treuttel et Wurtz*, 1826 ; 5 vol. in-8, fig. dem.-rel., mar. citron, fil. avec coins, tr. peign.

327. L'ordène de chevalerie (poème de Hues de Tabarie), avec une dissertation de la langue françoise, un essai sur les étymologies, quelques contes anciens (en vers), et un glossaire pour en faciliter l'intelligence, par Barbazan. *A Lauzanne et se trouve à Paris*, 1759 ; in-12, v. fauv., fil., dent. int., tête dor., n. rog.

328. Le Débat de deux demoiselles ; l'une nommée la noire et l'autre la tannée, suivis d'autres poésies du XVe siècle. *Paris, Didot*, 1825 ; gr. in-8 br.

329. Poésies françoises de J. Alione (D'Asti), composées de 1494 à 1520, publiées par J.-C. Brunet. *Paris, chez Silvestre*, 1836; in-8, chagr. vert, fil., dos à comp., n. rog.

Réimpression tirée à 108 exemplaires.
Exemplaire sur papier de Hollande.

330. La Clef d'amour, poëme publ. par Edwin Tross, avec des remarques par Michelant. *Lyon*, *Perrin*, 1866; petit in-8, dem.-rel. mar.

331. Mémoires historiques sur Raoul de Coucy; on y a joint le recueil de ses chansons en vieux langage, avec la traduction et l'ancienne musique. *Paris*, *Pierre*, 1781; 2 vol. in-12, v., fig.

Exemplaire en grand papier.

332. La Fontaine des Amoureux de science composée par Jehan de La Fontaine, poëme hermétique du XVe siècle, publié par Ach. Genty. *Paris, Poulet-Malassis*, 1861; in-12, v. fauve, fil., dent. int., tr. dor.

333. Poésies de Charles d'Orléans publiées par J.-Marie Guichard. *Paris*, *Gosselin*, 1842; in-12 dem.-rel. mar. vert, tr. peign.

334. Cent cinq rondeaulx d'amour publiés d'après un manuscrit du commencement du XVIe siècle, par Edwin Tross. *Paris, Tross*, 1863; in-12, mar. vert, dos orné, fil. à comp., dent. int., tr. dor.

335. Les Œuvres poétiques françoises de Nicolas Ellain, Parisien (1561-1570), publiées par Ach. Genty. *Paris, Poulet-Malassis*, 1861; in-12 carré, v. fauve, dos orné, fil., dent. int., tr. dor.

336. La Puce de Madame Desroches (1583), deuxième réimpression, publiée par D. Jouaust. *Paris*, 1872; in-12 mar. vert clair, dos orné, fil., dent. int., tr. dor. (*Dupré*).

337. L'Art poétique de Jean Vauquelin, sieur de La Fresnaye (1536-1607), publié par Ach. Genty. *Paris*, *Poulet-Malassis*, 1862; in-12 carré, portrait, v. fauve, fil., dent. int., tr. dor.

338. Les Amours du bon vieux temps (publiés par La Curne de Sainte-Palaye). *A Vaucluse et à Paris*, 1756; in-12, fleuron sur le titre, v. fauve, fil., dent. int., tr. dor. (*Reliure moderne*).

339. Noels de Lucas Le Moigne, curé de Notre-Dame-du-Puy-la-Garde, publiés sur l'édition gothique par la Société des bibliophiles françois. *Paris*, *Ch. Lahure*, 1860; in-18 carré, mar. vert clair, fil., dent. int., tr. dor. (*Hardy*).

340. Œuvres de Coquillart, nouvelle édition, revue et annotée par M. Charles d'Héricault. *Paris*, *P. Jannet*, 1857; 2 vol. cart. percal. rouge, n. rog.

341. Poésies de Jacques Tahureau, publiées par Prosper Blanchemain. *Paris*, *D. Jouaust*, 1870; 2 vol. in-12 br.

342. Œuvres complètes de Melin de Sainct-Gelays avec un commentaire inédit de B. de La Monnoye, des remarques, etc., publiées par Prosper Blanchemain. *Paris*, *P. Daffis*, 1873; 3 vol. in-12, cart. perc. rouge.

Exemplaire neuf non coupé.

343. Les Élégies de Jean Doublet, Dieppois, reproduites d'après l'édition de 1559, avec la vie du poëte, par Guillaume Colletet, une préface et des notes par Prosper Blanchemain. *Rouen*, *chez E. Lanctin*, 1869; in-8 br.

344. OEuvres de Louise Charly, Lyonnoise, dite Labé, surnommée la belle Cordière. *Lyon*, 1762; petit in-8, front. gr., v.

345. OEuvres complètes de François Villon avec les notes historiques et littéraires par Paul Lacroix. *Paris, P. Jannet*, 1854; in-12, v. fauve, fil., tr. dor. (*Dupré*).

346. Satyres et autres œuvres de Regnier accompagnées de remarques historiques. *Londres*, 1733; in-4, *frontispice, fleuron et deux vignettes gravés par Cochin, culs-de-lampe ;* in-4, v. brun.

347. OEuvres complètes de Mathurin Regnier, avec les commentaires, revues et corrigées par Viollet-Le-Duc. *Paris, P. Jannet*, 1853 ; in-12, v. fauve, fil., tr. rouges.

348. Poëme inédit de Jehan Marot, publié d'après un manuscrit avec introduction et notes, par Georges Guiffrey. *Paris, veuve J. Renouard*, 1860 ; gr. in-8, mar. viol., dos orné, fil. à comp. avec orn. sur les plats, dent. int., tr. dor.

349. Les OEuvres de Clément Marot, de Cahors, valet de chambre du Roy. *La Haye, chez Adrian Moetjens*, 1700; 2 tomes en un vol. in-12, v. fauve, fil., tr. peign.

350. Les OEuvres de Clément Marot, de Cahors, valet de chambre du Roi. *La Haye, chez Adrian Moetjens*, 1702; 2 vol. in-12, v. antiq.

Le tome Ier porte la date de 1700.

351. OEuvres complètes de Clément Marot, nouvelle édition ornée d'un portrait. *Paris, Rapilly*, 1824; 3 vol. in-8, dem.-rel. v. vert, fil., tr. marb.

352. Les Œuvres poétiques de Remy Belleau. *Lyon*, 1592; 2 tomes en un vol. in-12, mar. rouge, dos orné, fil., dent. int., tr. dor. (*Capé*).

Haut. 028 mill.

353. Œuvres complètes de Remy Bellèau, nouvelle édition publiée par A. Gouverneur. *Paris, A. Franck*, 1867; 3 vol. in-12, cart., perc. rouge, n. rog.

354. Les Poésies de Martial de Paris, dit d'Auvergne, procureur au Parlement. *Paris, chez Urbain Coustelier*, 1724; 2 tomes en un vol. in-12, v. fauve. (*Reliure anglaise*).

355. Les Œuvres de Pierre de Ronsard, gentilhomme vendômois. *Paris, chez Nicolas Buon*, 1609; in-fol., *titre-frontispice par L. Gaultier*, v. antiq. marbr. (*Armoiries*).

356. Œuvres inédites de P. de Ronsard, gentihomme vendômois, recueillies et publiées par Prosper Blanchemain. *Paris, Aug. Aubry*, 1855; in-12, dem.-rel. mar. viol.

357. Œuvres complètes de P. de Ronsard, nouvelle édition publiée sur les textes les plus anciens avec les variantes et des notes par M. Prosper Blanchemain. *Paris, P. Jannet*, 1857, *et Franck*, 1867; 8 vol. in-12, cart, perc. rouge, n. rog.

358. Le Plaisir des champs, la vénerie, volerie et percherie, poëme en quatre parties, par Clair de Gauchet, édition publiée par Prosper Blanchemain. *Paris, A. Franck*, 1869; in-12, cart., percal. rouge, n. rog.

359. Les Triomphes de la noble amoureuse dame et l'Art d'honnestement aymer, contenant trois parties, composés par le traverseur des Voyes périlleuses (J. Bouchet). *Paris, Jan Longis*, 1555; in-8, lavé, encollé, préparé pour la reliure.

360. Élegie sur le trespas de feu Joach. Dv Bellay, Ang., par G. Aubert de Poictiers, advocat en la cour de Par-lement de Paris. *Paris*, 1561 ; br. in-4 de 6 ff.

361. Les Œuvres françoises de Joachim Dv Bellay, gentilhomme angevin et poëte excellent de ce temps. *Paris, chez Abel Langelier*, 1584 ; petit in-12, 585 pages, mar. rouge, dos orné, fil. à comp., dent. int., tr. dor. (*Reliure moderne*).

Haut. 130 mill.

362. Poésies de Malherbe. *Paris, imprimé au Louvre, par Didot l'aîné*, 1797 ; in-4 mar. La Vall. à comp., dent int., tr. dor.

363. Œuvres complètes de Racan, nouvelle édition publiée par M. Tenant de Latour. *Paris, P. Jannet*, 1857 ; 2 vol. in-12, cart., percal. rouge, n. rog.

364. Œuvres de Roger de Collerye, nouvelle édition avec une préface et des notes par M. Charles d'Héricault. *Paris, P. Jannet*, 1855 ; in-12, v. fauve, dos orné, fil., dent. int., tr. dor.

365. Les Œuvres de Scevole de Sainte-Marthe. *A Poitiers, par Jean Blanchet*, 1600 ; pet. in-12, v. ant. marbr.

366. Le Jardin et cabinet poétique de Paul Contant, apothicaire de Poitiers. *A Poictiers*, 1609 ; in-4, vélin, figures.

367. Les Œuvres de maistre Alain Chartier, revues et corrigées par André Du Chesne. *Paris, Pierre Le Mur*, 1617 ; in-4, lavé et encollé, préparé pour la reliure.

368. Vaux de vire, d'Olivier Basselin et de Jean Le Houx. *Paris, Ad. Delahays*, 1858 ; in-12, v. f., tr. dor.

Exemplaire en papier vélin fort.

369. Les Œuvres poétiques d'André de Rivaudeau, gentilhomme du bas Poitou, nouvelle édition publiée et annotée par C. Mourain de Sourdeval. *Paris, Aug. Aubry*, 1859; in-12, demi-rel. Laval., tête dor., n. rog.

370. Œuvres de Philippe Desportes, avec notes par Alf. Michiels. *Paris, Delahays*, 1858; in-12, v. f,, tr. dor.

Exemplaire en papier vélin fort.

371. Les Œuvres de G. de Saluste. Fr. du Bartas, reueues, corrigées et augmentées de nouveaux commentaires, annotations en marges et embellies de figures. *A Paris, chez Jean de Bordeaulx*, 1660; in-fol. bas.

372. Les Œuvres de Théophile, divisées en trois parties. *A Paris, chez Nicolas Pepingué*, 1662; 3 parties en 1 vol. in-12, maroq. bleu, dos orné, fil., dent. int., tr. dor. (*Duru et Chambolle*).

Haut. 146 mill.

373. Œuvres complètes de Théophile, nouvelle édition, revue, annotée et précédée d'une notice biographique, par M. Alleaume. *Paris, P. Jannet*, 1856; 2 vol. in-12, v. fauve, dos orné, fil., dent. int., tr. dor.

374. Les Tragiques, par Théodore Agrippa d'Aubigné, nouvelle édition par Ludovic Lalanne. *Paris, P. Jannet*, 1857; in-12 cart., perc. rouge, n. rog.

375. Les Courriers de la Fronde, en vers burlesques, par Saint-Julien, revus et annotés par M. C. Moreau. *A Paris, P. Jannet*, 1857; 2 vol. in-12 cart., perc. rouge, n. rog.

376. Les Chevilles de Me Adam, menuisier de Nevers. *A Rouen, chez Jacques Cailloué*, 1654; in-12, dem.-rel., bas., n. rog.

Portrait de l'auteur dessiné au crayon et ajouté en tête de cet exemplaire.

377. OEuvres de Monsieur Scarron. *A Amsterdam, chez J. Wetstein*, 1752; 7 vol. pet. in-12, *portrait et frontispices*, v. fauv., fil., tr. marbr.

Haut. 129 mill.

378. **Scarron.** — Recueil des œuvres burlesques de M. Scarron, dédiées à sa chienne. *A Paris, chez Toussaint Quinet*, 1648; 2 parties. — La Relation véritable de tout ce qui s'est passé en l'autre monde au combat des Parques et des poëtes, sur la mort de Voiture et autres pièces burlesques. *Paris*, 1648. — Les Trois Dorotées ou le Jodelet souffleté, comédie. *Paris*, 1651. — L'Héritier ridicule ou la Dame intéressée, comédie. *Paris*, 1650. — Ens. 4 ouvr. réunis en 1 vol. in-4, v. antiq., marbr.

379. Le Virgile travesty en vers burlesques, de Monsieur Scarron. *A Paris, chez Guillaume de Luynes*, 1653; 6 parties en 1 vol. in-4, *figures*, v. antiq., marbr.

380. La Pucelle ou la France délivrée, poëme héroïque; par M. Chapelain. *A Paris, chez Aug. Courbé*, 1656, *frontispice et figures par Campion*, v. fauve antiq.

381. Les OEuvres de monsieur Sarazin. *A Paris, chez Mic. Le Gras*, 1685; 2 vol. in-12, v. antiq.

382. La Journée des madrigaux, suivie de la Gazette de Tendre (avec la carte de Tendre) et du Carnaval des précieuses, introductions et notes, par Émile Colombey. *Paris, Aug. Aubry*, 1856; in-12, couv. impr., demi-rel. maroq. fauv., tête dor., n. rog.

383. La Guirlande de Julie, offerte à Mlle de Rambouillet, par le marquis d'Angennes. *Paris, impr. de Monsieur*, 1784; pet. in-8, v., tr. dor.

384. Œuvres diverses du sieur Boileau Despréaux, avec le Traité du sublime ou du merveilleux dans le discours, traduit du grec de Longin. *Suivant la copie de Paris, à Amsterdam*, 1686; in-12, v. fauve antiq., fil., tr. dor.

385. Œuvres de Nicolas Boileau Despreaux, avec des éclaircissements historiques donnez par lui-même, nouvelle édition, revue, corrigée et augmentée de diverses remarques, enrichie de figures gravées par Bernard Picart le Romain. *A la Haye, chez P. Gosse et J. Neaulme*, 1729; 2 vol. in-fol., v. fauve antiq.

386. Œuvres de M. Boileau Despreaux, avec notes, par M. de Saint-Marc. *Paris*, 1747; 5 vol. in-8, v. rac, fil., tr. dor., figures.

387. Œuvres complètes de Boileau Despréaux. *Paris*, 1809; 3 vol. in-8., cart., n. rog.

388. Œuvres complètes de La Fontaine, ornées de cent vingt gravures, d'après les dessins de Desenne, Chaudet, Huet, etc. *Paris, A Nepveu*, 1820-21; 18 vol. in-16, demi-rel. maroq. rouge, tête dor., n. rog.

389. Contes et Nouvelles en vers de Monsieur de La Fontaine, nouvelle édition, enrichie de tailles-douces. *Amsterdam, chez Henry Desbordes*, 1685; pet. in-8, maroq. vert., fil., tr. dor. (*Reliure ancienne*).

390. Contes et Nouvelles en vers, par Monsieur de La Fontaine. *A Amsterdam*, 1718; 2 tom. en 1 vol. pet. in-8, parch., frontispice et figures à mi-pages, par Romain de Hooge.

Exemplaire court de marges.

391. Contes et nouvelles en vers de La Fontaine. *Amsterdam (Paris, David jeune)*, 1745; 2 vol. petit in-8, *frontispice, 2 fleurons sur les titres et 70 vignettes par Cochin, gravés par Chedel, Fessard et Ravenet, sans signatures*, v. antiq., fil., tr. rouges.

392. **Contes et Nouvelles** en vers, par M. de La Fontaine. *Amsterdam*, 1762 ; 2 vol. in-8., figures, maroq. roug., fil., tr. dor.

Bel exemplaire. Reliure ancienne très-fraîche.

393. Contes et Nouvelles en vers, par Jean de La Fontaine. *S. l.*, 1777 ; 2 vol. in-8, *figures gravées*, v. gran., fil., tr. dor.

394. Contes et Nouvelles de La Fontaine, édition illustrée par Tony Johannot, etc. *Paris, Ern. Bourdin, s. d.* ; gr. in-8, dem.-rel. v., fig.

395. Histoire de la vie et des ouvrages de J. de La Fontaine, par C.-A. Walckenaer. *Paris, A. Nepveu*, 1824 ; in-8, dem.-rel. v. antiq., n. rog. (portrait gravé à l'eau-forte par H. Pauquet).

396. **Recueil des meilleurs Contes en vers**, par M. de Lafontaine, Voltaire, Vergier, Senecé, Perrault, Moncrif, le P. Ducerceau, Grécourt, Autereau, Saint-Lambert, Champfort, Piron, Dorat, La Monnaye et François de Neufchâteau. *Londres (Paris, Cazin)*, 1778 ; 4 vol. in-18, *portrait de La Fontaine et 113 vignettes par Duplessi-Bertaux, n. s.*, v. écail, fil., tr. dor.

397. Recueil des énigmes de ce temps, par l'abbé Cotin. *A Paris, chez Nicolas Legras*, 1687 ; pet. in-12 maroq. rouge, dent. int., tr. dor. (*Reliure moderne*).

398. OEuvres complètes de Saint-Amant, nouvelle édition précédée d'une notice et accompagnée de notes, par M. Ch.-L. Livet. *Paris, P. Jannet*, 1855 ; 2 vol. in-12, v. fauve, dos orné, fil., dent int., tr. dor.

399. Les OEuvres poétiques du P. Le Moyne. *A Paris, chez L. Billaine*, 1671 ; in-fol., *figures*, v. brun.

400. Madrigaux de Monsieur de La Sablière. *A Paris, chez Duchesne*, 1758 ; in-16 carré, texte enc. de fil. rouges, v. antiq.

401. Poésies diverses d'Antoine Rambouillet, de La Sablière et de François de Maucroix, et Hommages poétiques à La Fontaine, par L.-A. Walcknaer. *Paris, A. Nepveu*, 1825 ; gr. in-8, 2 *portraits gravés*, dem.-rel. mar. brun.

402. Poésies de Monsieur de La Fare. *A Genève* (*Cazin*), 1777 ; in-18, *figure par Marillier, gravée par N. de Launay*, maroq. rouge, fil.. tr. dor. (*Reliure ancienne*).

403. Les OEuvres de Monsieur de Benserade. *A Paris, chez Ch. de Serey*, 1697 ; 2 vol. in-12, front. gr., v. brun.

404. Poésies de Madame Deshoulières. *A Paris, chez la veuve de Sébastien, marbre cramoisy*, 1688 ; pet. in-8, v. antiq. comp. à la Duseuil.

1re édition.

405. OEuvres de Madame et de Mademoiselle Deshoulières. *Paris*, 1803 ; 2 vol. in-12, pap. vél., v. dent., plats semés d'or, tr. dor.

406. Nouveaux Contes à rire et aventures plaisantes de ce temps, ou Récréations françaises. *A Cologne, chez Roger Bontemps*. 1702 ; in-12, *figures à mi-pages*, maroq. rouge, dos orné, fil., dent. int., tr. dor. (*Hardy*).

407. Poésies de Chaulieu. *Paris*, 1810. — Poésies choisies du marquis de La Fare; ens. 2 ouvr. en 1 vol., dem.-rel., n. rog.

408. Œuvres de J.-B. Rousseau. *Paris*, *Lefèvre*, 1820 ; 5 vol. in-8, portrait, v. cart., fil. (*Vogel*).

409. La Henriade de M. de Voltaire. *A Londres*, 1728 ; in-4, *frontispice*, *fleuron*, *planches et vignettes*, v. écail., tr. marbr.

410. La Henriade (par Voltaire). *A Paris*, *chez la veuve Duchesne* ; in-8 (1770), 2 parties en 1 vol., *titre gravé avec le portrait de Voltaire en médaillon*, *frontispice*, *figures et vignettes par Eisen*, *gravées par de Longueil*, v. rac.

411. **Grandval.** — Le Vice puni, ou Cartouche, poëme. *Imprimé à Anvers et se vend à Paris*, 1726 ; in-8, *frontispice et 16 figures par Bonnard*, *gravés par Scotin*, v. antiq.

412. La Pucelle d'Orléans, poëme, *s. l.*, 1762 ; in-8, gravures, v. antiq. marbr.

413. La Pucelle d'Orléans, poëme en vingt-et-un chants, par Voltaire, édition ornée des figures gravées par les meilleurs artistes de Paris. *A Paris*, *de l'impr. de Didot le jeune*, *l'an troisième;* 2 vol. in-4, dem.-rel. maroq. rouge, fil., tête dor., n. rog.

414. La Pucelle d'Orléans, poëme en vingt-et-un chants, par Voltaire. *Paris,* an VII ; 2 vol. in-8, *portrait de Jeanne d'Arc gravé par Gaucher, et figures de Monsiau*, *Lebarbier*, *Monnet*, *gravées par Bucquoy-Palas*, *N. Ponce*, *Lemire*, *Delignon*, etc.; v. rac. dent., tr. dor.

Exemplaire en GRAND PAPIER VÉLIN.

415. Les Dons des enfants de Latone, la Musique et la Chasse du cerf, poëmes dédiés au roy. *Paris*, 1734; in-8 bas, musique.

416. La Religion vengée, poëme en dix chants. *Parme, dans le palais royal*, 1795; in-12, portrait du cardinal de Bernis, maroq. rouge, large dent à comp., tr. dor.

417. Silvie (par Watelet). *Londres*, 1743; in-8, frontispice et figures gravées, v. fauve antiq.

418. Le Temple de Mémoire, poëme allégorique. *Paris, Coustelier*, 1744; pet. in-8, maroq. or. (*Dupré*).

Frontispice gravé par Cochin.

419. Poésies du chevalier de Pierres de Fontenailles, chevalier de l'Ordre royal militaire de Saint-Louis et capitaine dans le régiment de Poitou. *A Poitiers*, 1751; in-8, v. antiq. marbr.

420. Œuvres de Gresset. *Paris*, *chez Ant.-Aug. Renouard*, 1811; 2 vol. in-8, gravures de Monnet, v. écail., fil., tr. dor.

A la fin du tome II se trouve relié le *Parrain magnifique*, poëme.

421. Le Parrain magnifique, poëme en dix chants, ouvrage posthume de Gresset. *Paris*, *Renouard*, 1810; in-8 dem.-rel., n. rog.

Figures de Moreau.

422. Éloge de Jean-Baptiste-Louis Gresset, l'un des quarante de l'Académie française, par M. Merard de Saint-Just. *Londres*, 1784; in-16, dem.-rel. maroq. viol. avec coins, dos à comp., n. rog.

Exemplaire du comte *H. de La Bedoyère*.

423. L'Art de peindre, poëme avec des réflexions sur les différentes parties de la peinture, par M. Watelet. *Paris, de l'impr. de M. L. Guérin*, 1769 ; in-4, *front., fleuron sur le titre et culs-de-lampe*, v. antiq. marbr.

424. Zélis au bain, poëme en quatre chants. *Genève, s. d.* — Lettre de Barnevelt à Truman, son ami. *Paris*, 1763. — Lettre de Zéila à Valcour. *Paris*, 1764. — Lettre de Valcour à son père. *Paris*, 1767. — Réponse de Valcour à Zéila, 1766. — Le Pot-Pourri, 1764. — Lettre d'Alcibiade à Glycère, 1764. — 7 part. ; ens. 1 vol. gr. in-8, v., fil., tr. dor.

Papier de Hollande. Figures d'Eisen, avant la lettre.

425. Idylles et Poëmes champêtres de M. Gessner, traduits de l'allemand par M. Huber. *Lyon, chez Jean-Marie Bruyset*, 1762 ; *figure gravée par Watelet et culs-de-lampe.* — Les Amours de Mirtil. *Constantinople*, 1761, *titre gravé par Louis Legrand, et 6 figures par Gravelot ;* ens. 2 ouvr. en 1 vol. in-12., v. fauve. antiq.

426. Lettre du comte de Comminges à sa mère, suivie d'une lettre de Philomèle à Progné. *Paris*, 1764 ; in-8 bas.

Figures et fleurons d'Eisen.

427. Œuvres complètes de Grécourt. *Luxembourg*, 1764 ; 4 vol. in-12, *4 fleurons sur les titres et 4 figures par Eisen*, v. rac., dent., tr. marbr.

428. Lettre d'Alcibiade à Glycère. *Genève*, 1764. — Les Dévirgineurs et Combabus, contes en vers. *Amsterdam*, 1765. — 2 part. in-8, dérelié.

Figures et fleurons d'Eisen.

429. Lettre de Biblis à Caunus, par Blin de Sainmore. *Paris*, 1765. — Lettre de Gabrielle d'Estrées, 1766 ; 3 part. in-8, br.

Exemplaires non rognés, papier de Hollande. Figures et fleurons d'Eisen.

430. Lettre de l'abbé de Rancé à un ami, par M. Barthe. *Imprimé à Genève et se trouve à Paris*, 1765 ; in-8 marbr., tr. dor. (*Dupré*).

Figures et vignettes d'Eisen.

431. Dictionnaire lyrique portatif, ou Choix des plus jolies ariettes de tous les genres, disposées pour la voix et les instruments, avec les paroles françaises sous la musique ; le tout recueilli et mis en ordre par M. Dubreuil. *Paris*, 1766 ; 2 vol. in-8, v. antiq. marbr.

432. Lettre en vers de Vergny à la comtesse de Raoul, par M. Mailhol. *Paris*, *Duchesne*, 1766 ; in-8 mar., v. fil., tr. dor.

Figure et vignette d'Eisen.

433. La Déclaration théâtrale, poëme didactique. *Paris*, 1766 ; in-8, figures d'Eisen, v. antiq.

434. **Dorat**. — Lettre de Zéila, jeune sauvage esclave à Constantinople, à Valcour, officier français. *Figure, vignette et cul-de-lampe par Eisen, gravés par de Longueil.* — Réponse de Valcour à Zéila. *Figure, vignette et cul-de-lampe par Eisen, gravés par de Longueil et Aliamet. Par Sébastien Jarry*, 1766; in-8, dem.-rel.

435. **Dorat.** — Lettre de Valcour à son père, pour servir de suite et de fin au roman de Zéila. *Paris*, 1767. *Figure, vignette et fleuron par Eisen, gravés par Simonnet.* — Lettre d'Ovide à Julie, précédée d'une lettre en prose à M. Diderot (par Dorat). *Paris*, 1767. *Figure, vignette et cul-de-lampe par Eisen, gravés par D. Née.* — Suite des bagatelles anonymes, 1767. *Vignette et cul-de-lampe par Eisen, gravés par D. Née.* — Amilka, ou Pierre Le Grand, tragédie. *Figure d'Eisen, par de Longueil;* gr. in-8, v. antiq. marbr., fil.

Exemplaire en grand papier.

436. Recueil de Romances historiques tendres et burlesques, tant anciennes que modernes, avec les airs notés par M. D. L. (de Lusse). S. l., 1767 ; in-8. *Frontispice par Eisen, gravé par de Longueil, et un fleuron sur le titre gravé par Aliamet*, maroq. rouge, fil., tr. dor.

Exemplaire en papier de Hollande, avec armoiries sur les plats de la reliure.

437. Les Sens, poëme en six chants, par M. de Rozoi. *Londres*, 1767. *Titre, frontispice et 7 figures, dont 4 figures d'Eisen, 4 figures par Wille, 6 vignettes, dont 3 d'Eisen et 3 de Wille, et 2 culs-de-lampe, gravés par de Longueil*, v. antiq.

La 1re figure est collée entièrement sur le verso de la reliure. Exemplaire taché.

438. Lettre de Dulis à son ami, par Mercier (en vers). *Paris, Le Jay*, 1768 ; in-8 mar. r. foncé, fil., tr. dor. (*Dupré*).

Figure et vignette de Moreau, gravées par de Longueil.

439. **Dorat.** — Mes Fantaisies. *Amsterdam et se trouve à Paris*, 1768 ; in-8. *Fleuron sur le titre et une vignette par Eisen, gravé par F. de Ghendt*, v. antiq. marbr.

Exemplaire en GRAND PAPIER DE HOLLANDE.

440. L'Heureux Jour, épître à mon ami. *Paris, Duchesne*, 1768 ; in-8. v. f., tr. dor. (*Dupré*).

Frontispice, vignettes et figure d'Eisen.

441. La Nouvelle Zélis au bain, poême en six chants. *Paris, Merlin*, 1768 ; in-8, v. f., fil.

Figures et fleurons d'Eisen.

442. Les Grâces (par de Querlon). *Paris, chez Laurent Prault, libraire*, 1769. *Frontispice par Boucher, gravé par J. Simonnet, titre gravé par J. Moreau le jeune et 5 figures par Moreau, gravées par de Launay, de Longueil, Massard et Simonet*, dem.-rel. v. vert.

Exemplaire en GRAND PAPIER DE HOLLANDE.

443. Les Quatre Parties du jour, poëme traduit de l'allemand de M. Zacharie (par Miller). *Paris, chez G. Musier*, 1769 ; gr. in-8, 5 *figures et 4 vignettes par Eisen, gravées par Baquoy.*

444. **Malfilâtre**. — Narcisse dans l'Isle, poëme en quatre chants. *Paris, chez Maradan, libraire, s. d.* (1769) ; in-8, *titre-frontispice par Eisen, gravé par de Ghendt*, et 4 figures par Saint-Aubin, gravées par Massard, dem.-rel. v. vert.

445. Le Roué vertueux, poëme en prose, en quatre chants, par Coqueby de Chaussepierre. Lauzanne, 1770 ; in-8 dem.-rel.

Figures.

446. **Desfontaines**. — Les Bains de Diane ou le Triomphe de l'amour, poëme. *Paris, chez J.-P. Costard*, 1770 ; in-8, *titre-frontispice et 2 figures par Marillier*, gravés par de Ghendt, Massard, Ponce et Voyez l'aîné, v. antiq.

47. **Recueil de Contes par Dorat.** — Irza et Marsis, ou l'Ile merveilleuse, poëme en deux chants suivis d'Alphonse, conte. *Titre, frontispice, 3 figures, 2 vignettes et 2 culs-de-lampe par Eisen, gravés par de Ghendt, Longueil et Massard.* — Les Cerises et la Méprise, conte en vers. *Figure d'Eisen, gravée par de Longueil.* — Selim et Selima, poëme (poëme imité de l'allemand, suivi du Rêve d'un musulman). *Figure par Eisen, gravée par E. de Ghendt.* — L'Hermitage de Beauvais, conte. — Les Baisers précédés du Mois de mai, 3e édition. *La Haye, et se trouve à Paris*, 1770. *Frontispice par Eisen, gravé par Ponce, figure par Eisen, gravée par de Longueil, 23 vignettes, 1 fleuron sur le titre et 22 culs-de-lampe par Eisen, gravés par Aliamet, Baquoy, Binet, Delaunay, Lingée, de Longueil, Masquelier, Massard, Née et Ponce* ; in-8, v. antiq., marbre.

448. **Dorat.** — Mes Fantaisies, 3e édition. *A la Haye, et se trouve à Paris, chez Delalain*, 1770; in-8. *Frontispice, fleuron sur le titre, une vignette et un cul-de-lampe par Eisen, gravés par E. de Ghendt.* — Ma Philosophie. *Paris*, 1771. *Figure de Marillier, gravée par de Ghendt ;* ens. 2 ouvr. en 1 vol. in-8, parch. vert.

449. **LES BAISERS**, précédés du Mois de mai (par Dorat). *A la Haye, et se trouve à Paris*, 1770 ; gr. in-8, mar. bl., fil., tr. dor. (*Bozérian*).

Figures et fleurons d'Eisen. Très-bel exemplaire en grand papier de Hollande.

450. La Statue de Cupidon ou les Oraisons d'Hylas. *Londres et Paris*, 1771 (37 pages). — Épître au peuple, ouvrage présenté à l'Académie française en 1760 par M. Thomas, *s. l.*, 1761. — L'Inoculation par aspiration, épître par l'abbé de Morveau. *Paris*, 1774. — L'Inoculation, par

M. Dorat. *Paris*, 1774 (16 pages). — Priam aux pieds d'Achille, pièce qui a obtenu l'accessit de l'Académie française, en 1776. — Élégie sur la mort de M. Piron, par M. Imbert. *Paris*, 1773.—Le Bonheur de la France, idylle à la reine, par M. Contauly. *Paris*, 1781.— Lettre de Biblis à Caunus, son frère, par M. Blin de Sainmore. *Paris*, 1767. *Figure, vignette et cul-de-lampe par Eisen, gravés par Aliamet et de Longueil.* — Lettre d'Ovide à Julie, précédée d'une lettre en prose à M. Diderot, *s. l.*, 1767. *Figure, vignette et cul-de-lampe par Eisen, gravés par D. Née.* — Lettre de Sapho et Phaon, précédée d'une épître à Rosine, d'une Vie de Sapho, etc., par M. Blin de Sainmore. *Paris*, 1768. *Figure de Gravelot, gravée par J. Aliamet, vignette par Eisen, gravée par E. de Ghendt, et cul-de-lampe.* — Les Éléments, poëme. *Paris*, 1790. — In-8, v. antiq. marbr.

Exemplaire en grand papier.

451. **Dorat.** — Lettre d'une Chanoinesse de Lisbonne à Melcour, officier français. *A la Haye, et se trouve à Paris, chez Delalain*, 1771 ; in-8. *Figure d'Eisen, gravée par Mansard, une autre figure de Marillier, gravée par* de *Ghendt, 2 vignettes et deux culs-de-lampe*, bas.

452. Poésies pastorales, par M. Léonard. *A Genève et à Paris, chez Lejai, libraire* (1771) ; in-8. *Titre-frontispice dessiné par C.-D. Marillier et gravé par E. de Ghendt*, v. antiq. marbr.

453. Poésies pastorales par M. Léonard. *A Genève et à Paris, chez Lejay, libraire* ; gr. in-8. *Titref-rontispice par Marillier, gravé par E. de Ghendt, un joli fleuron et une vignette par Eisen, gravés par E. de Ghendt*, dem.-rel. bas.

454. **Bernard.** — L'Art d'aimer (suivi de poésies diverses. *S. l. n. d. Frontispice et 3 figures par Martini, gravés par Baquoy, Gaucher et Patas.* — Phrosine et Mélidore, poème en quatre chants. *Messine, et se trouve à Paris*, 1772. *4 figures par Eisen, gravées par Bacquoy et Ponce*; ens. 2 ouvr. en 1 vol. in-8. v. antiq., fil., tr. marbr.

455. Le Jugement de Pâris, poëme en quatre chants, par M. Imbert. *Amsterdam* (Paris), 1772; in-8. *Titre dessiné et gravé par Moreau, 4 figures par Moreau, gravées par Née, Duclos, Masquelier et Delaunoy, et 4 vignettes par Choffard*, v. antiq. marbr.

Exemplaire en GRAND PAPIER DE HOLLANDE.

456. Le Temple de Gnide, mis en vers par M. Colardeau. *Paris, chez Lejay* (1773); in-8. *Titre gravé sur lequel se voit le portrait de Corneille en médaillon et 7 figures par Monnet, gravées par Baquoy, Delaunay, Helman, Masquelier, Née et Ponce*, v. granit.

457. L'Agriculture, poëme (par Rosset). *Paris*, 1773 ; gr. in-8. *Frontispice par Saint-Quentin, gravé par Legouaz, fleuron sur le titre, 6 figures par de Louterbourg, gravées par de Ghendt, Leveau, Lingée et Ponce, et 6 vignettes par Saint-Quentin, gravées par Monnery, Lingée et Ponce*, v. fauve, fil., tr. peign.

Bel exemplaire.

458. **Pygmalion.**— Scène lyrique de M. J.-J. Rousseau, mise en vers par M. Berquin, le texte gravé par Drouet. *Paris*, 1775. *6 vignettes de J. Moreau le jeune, gravées par Delaunay et Ponce.* — Épître à Thémis, suivie d'un Dialogue de Pégase et de Clément et d'une Épître à Monsieur de Chamfort. — Lettre amoureuse d'Héloïse

à Abaillard, traduction libre de M. Pope, par M. Colardeau. *Paris*, 1766. *Figure et vignettes par Eisen, gravées par Massard.* — Le Dix-huitième siècle, satire à M. Fréron, par M. Gilbert, 1775. — Épître d'Héloïse à Abaillard, imitée de Pope, par M. Mercier. *Amsterdam, et se trouve à Paris*, 1774. *Figure, vignette et cul-de-lampe, par Marillier, gravés par Lebeau et D. Née.* — A tous les Penseurs, salut par Madame la comtesse de B... (28 pages).—Première Nuit d'Young, tragédie en vers français par M. Colardeau, 1770. — Le Pouvoir de l'harmonie, poëme lyrique par M. Dorat, 1774.— Éloge du maréchal de Catinat, maréchal de France, discours qui a remporté le prix de l'Académie française en 1775, par M. de La Harpe, 1775.— Boileau à M. de Voltaire, 1772. — Lettre de M. Clément à M. de L. H. — Réponse d'Horace à M. de ..., par M. Robbé de Beauveset, 1776. — Ens. 12 pièces en 1 vol. in-8, v. antiq. marbr.

459. Contes mis en vers par un petit cousin de Rabelais (d'Aquin de Château-Lyon). *Londres et se trouve à Paris, chez Ruault, libraire*, 1775 ; gr. in-8. *Titre gravé, avec un joli fleuron et une figure par Eisen, gravés par N. Delaunay*, v. antiq. marbr.

460. **Adonis** (par Fréron et Colbert, duc d'Estourteville). *A Londres et se trouve à Paris, chez Musier fils*, 1775; *frontispice, titre gravé avec fleuron, vignette et cul-de-lampe par Eisen; gravés par Ponce* (50 pages). — Épître d'Héloïse à Abeilard, imitée de Pope, par M. Mercier. *A Amsterdam et se trouve à Paris*, 1774; *figures par Marillier, gravés par D. Née.* (22 pages). — Lettre de Caton d'Utique à César. *Paris*, 1766 (32 pages). Ens. 3 ouvr. en 1 vol. gr. in-8, v. f. ant., fil., tr. dor.

Exemplaires en grand papier.

461. Les Saisons, poëme par Saint-Lambert. *Amsterdam*, 1775; gr. in-8, v. éc., fil., tr. dor.

Figures de Moreau. Papier de Hollande.

462. Laujon (De). Les A-propos de société ou Chansons de M. L***. *Paris*, 1776; 2 vol. in-8, *avec musique notée, 2 frontispices de Moreau, l'un gravé par* **M. de** *Launay, l'autre gravé par Simonet.* 2 *figures,* 2 *vignettes et* 2 *culs-de-lampe par Moreau; gravés par Delaunay, Simonet, Duclos et Martini.* — Les A-propos de la folie, ou Chansons grotesques, grivoises et annonces de parade. *Paris*, 1776; in-8. *avec musique notée, frontispice, figure et une vignette par Moreau, gravés par Martini, et un cul-de-lampe par Moreau seul.* Ens. 3 vol. in-8, dem.-rel. v. r.

463. Œuvres complètes de M. le C. de B*** (Bernis). *A Londres*, 1776 (*édit. Cazin*). 2 vol. in-18, portr. v. ant. fil., tr. dor.

464. Œuvres de Colardeau. *Paris*, 1779. 2 vol. in-8, portr. et gravures de Monnet, dem.-rel. v. r.

Exemplaires sur papier de Hollande, non rogné.

465. Le Pot-Pourri ou Preservatif de la melancolie, contenant la Henriade travestie, la Pipe cassée et autres poésies diverses. *A Londres* (*Cazin*), 1783; in-18, v. éc. fil., tr. dor.

466. Caquet Bonbec, la poule à ma tante, poëme badin, par Junquières. *S. l.*, 1785. *Figures n. sig., fleuron sur le titre, vignettes et culs-de-lampe par Marillier, gravés par Legrand, E. de Ghendt, Ponce, de Longueil, etc.* dem.-rel. cuir de Russie.

467. Le Tableau de la volupté ou les Quatre parties du jour, poëme en vers libres, par Dubuisson. *Cythère*, 1787, pet. in-8 bas., figures et fleurons d'Eisen.

468. Idylles par M. Berquin, *S. l. n. d.* (1788); *titre-front. dessiné et gravé par Marillier, figures de J. Moreau, gravés par Delaunay, de Ghendt, Legouaz et Ponce. 55 figures par Borel, gravées par D. Petit, Delignon, Halbou, de Longueil, Dupreil et une figure par Lebarbier, gravée par Villerey*. In-12, mar. r., dos orné, fil. à comp., dent. int., tr. dor. (*Duru*).

469. Romances par Berquin. *A Paris, de l'imprimerie de Monsieur*, 1788; in-18, pap. vél. *Un titre et 10 figures (non signées) par Borel et* 30 *planches de musique*, mar. r. fil., tr. dor. (*Reliure ancienne*).

470. Lettres en vers et opuscules poétiques, etc., par M. Costard. *A Londres et se trouve à Paris*, 1789; in-12, fig. d'Eisen, gravées par de Longueil, v. rac.

471. Les Jardins ou l'Art d'embellir les paysages, poëme par M. l'abbé Delille. *Paris*, 1782, in-8. *Vignette sur le titre, par Laurent et figure de Cochin gravée par Laurent*, gr. in-8, v. gran.

472. La Peinture, poëme en trois chants, par M. Le Mierre. *A Paris, chez Le Jay, s. d.*, in-4. Portrait gravé en médaillon sur le titre et trois gravures de Cochin, gravées par L. Prevost, N. Ponce et Saint-Aubin, dem.-rel. bas.

473. Le P*** nageur, conte (en vers). In-8, mar. r., fil., tr. dor.

474. Œuvres poissardes de J. J. Vadé et de L'Écluse. *A Paris, de l'Impr. de Didot jeune*, 1796; in-16. *Papier vélin, portrait et 4 figures avant la lettre*, mar. r., fil. tr. dor.

475. La Pipe cassée, poëme épi-tragi-poissardi-héroï-comique. *A la Liberté, s. d.*, pet. in-8, mar. or, large, dent., tr. dor.

Vignettes d'Eisen. Bel exemplaire.

476. Œuvres de P. J. Bernard, ornées de gravures. *Paris, de l'Imprimerie de Didot l'aîné*, 1797, in-4, dem.-rel. mar. r. fil., t. dor., n. rog.

Quatre figures par Prudhon.
Bel exemplaire en papier vélin, figures avant la lettre.

477. Œuvres choisies de Sénécé, nouvelle édition publiée par M.M. Émile Charles et P. A. Cap. *Paris, P. Jannet*, 1855; in-12, v. f., dos orné, fil., dent. int., tr. dor.

478. Œuvres posthumes de Sénécé, publiées pour la première fois par Émile Chasles et P. A. Cap. *Paris, P. Jeannet*, 1855; in-12, v. f. dos orné, fil., tr. dor.

479. Tangu et Félime, poëme en IV chants, par de La Harpe. *Paris, s. d.* In-8, v. m. (Frontispice gravé et figures de Marillier.)

480. Poésies de André Chénier, précédées d'une notice par M. A. de Latour. *Paris, Charpentier*, 1841; in-12, portr. dem.-rel. mar. viol.

481. Œuvres complètes de Millevoye, précédées d'une notice biographique et littéraire par M. de Pongerville. *Paris, Furne*, 1838; 2 vol. in-8, grav. de F. et T. Johannot, dem.-rel. mar. r., tr. marbr.

482. Le Mérite des femmes et autres poésies, par Gabriel Legouvé. *Paris, Aug. Renouard*, 1809; in-18, v. gr. fil., tr. dor.

483. Napoléon en Égypte, Waterloo et le Fils de l'homme, par Barthélemy et Méry, édition illustrée par Horace Vernet et H. Bellangé. *Paris, Ern. Bourdin, s. d.*, gr. in-8, chagr. viol., comp. orn., tr. dor.

484. Poésies de Mme Desbordes Valmore. *Paris*, 1822; in-18, fig. par Chasselat. v. f., fil. à froid, tr. dor.

485. Œuvres complètes de G. Legouvé. *Paris*, *L. Janet*, 1836; 3 vol. gr. in-8, portrait d'après Chasselat, et figures gravées d'après Colin, Devéria et Desenne, dem.-rel. v. f. ant.

Exemplaire relié sur brochure.

486. La Pléiade, Ballades, Fabliaux, Nouvelles et Légendes. — Homère, Veda-Vejasa, Marie de France, Burger, Hoffmann, Ludwig Tieg, Ch. Dickens, Gavarni, H. Blaze. *Paris*, *L. Curmer*, 1842; in-8, *figures et vignettes gravées à l'eau-forte et culs-de-lampe*, dem.-rel. mar. r., tr. marbr.

487. La Pléiade, Ballades, Fabliaux, Nouvelles et Légendes. *Paris*, *Curmer*, 1862, pet. in-8, dem.-rel. mar. bl.

488. Sonnets humouristiques, par Joséphin Soulary. *Lyon*, *chez Nicolas Scheuring*, 1858; in-8, br.

489. Œuvres complètes de Émile Deschamps. *Paris*, *Alph. Lemerre*, 1872-74; 6 vol. in-12, br.

490. Les Contemplations, par Victor Hugo (1830-1856). *Paris*, *Vve Alexandre Houssiaux*, 1869; 2 vol. in-8, br. neuf.

Volumes formant les tomes V et VI des œuvres complètes; édition Houssiaux.

491. **Œuvres complètes de Alfred de Musset**, avec lettres inédites, variantes, notes, index, etc. ornées de 28 dessins de M. Bida et d'un portrait d'Alfred de Musset. *Paris*, *Charpentier*, 1866; 10 vol. gr. in-8, br. n. rog.

Exemplaire de souscription et en GRAND PAPIER DE HOLLANDE.

492. Poésies patoises par l'abbé Gusteau. *Poitiers*, 1861 pet. in-8. pap. de Hollande, demi-rel. mar. r., n. rog.

---

493. Opere di Dante. *Venezia*, 1741, 5 vol. in-8, v.

494. Il Dante, con argomenti et dichiaratione di molti luoghi, nouamente reuisto et stampato. *In Lione, per Giovan di Tournes*, 1547; in-16, mar. brun, tr. dor. *Reliure moderne*.

495. Dante, con l'espositioni di Christoforo Landino et d'Alessandro Vellutello, sopra la sua Commedia del l'Inferno, del Purgatorio et del Paradiso, per Francesco Sansovino, Fiorentino. *In Venetia*, 1596; in-fol. *Figures sur bois*, parch.

496. La Divina Commedia di Dante. *Londra, G. Pickering*, 1822; 2 vol. in-64, portr. cart., n. rog.

497. L'Enfer, le Purgatoire et le Paradis de Dante Alighieri, avec les dessins de Gustave Doré, traduction de Pier. Angelo Fiorentino, accompagnée du texte italien. *Paris, L. Hachette*, 1861; 2 vol. in-4, cart. percal. rouge, n. rog.

498. Il Petrarcha con l'Espositione d'Alessandro Vellutello, di nuova ristampato con le figure e i triomphi e con più cose utili in varii luoghi aggiunte. *In Venegia*, 1552 in-4, mar. f., dos orné et comp. à froid, tr. dor. peign.

499. Le Rime del Petrarca. *Padova*, 1819; 2 vol. in-4, cart. n. rog.

500. Le Rime del Petrarca. *Londra, G. Pickering*, 1822; in-64, mar. bl. fonc., comp. orn., tr. dor. (Portrait.)
Haut. 81 mill.

501. Rime di M. Lodovico Ariosto, Satire del medesimo con i suoi argomenti, di nuovo riuedute et emendate per M. Ludovico Dolce. *In Venegia*, 1560; in-16, v. f., fil. et ornements à froid sur les plats color., tr. dor.

502. Orlando furioso di Lodovico Ariosto. *Venetia*, 1584; in-4, mar. r. fil., tr. dor. (*Anc. rel.*)

Les figures de cette édition sont du Porro. La reliure est un rem boîtage.

503. Le Divin Arioste ou Roland le furieux, traduit en français par E. de Rosset. *Paris, Ant. de Sommaville*. 1644; in-4, v. f., fil., tr. dor. (*Anc. rel.*)

Frontispice et figures de L. Gaultier.

504. Roland furieux, poëme héroïque de l'Arioste, trad. nouvelle par d'Ussieux. *Paris*, *Brunet*, 1775; 4 vol. in-8, v. tr. dor.

Figures de Cochin.

505. **Arioste.** — Roland furieux, traduction nouvelle et en prose par M. P. Philippon de La Madelaine, édition illustrée de 300 vignettes et de 25 planches hors texte, par MM. Tony Johannot, Baron, Français et C. Nanteuil. *Paris*, *J. Mallet* 1844; in-8, dem.-rel. mar. brun, fil. tr. marbr.

506. La Gerusalemme conquistata del sig. Torquato Tasso. *In Parigi, appresso Abel L'Angelier*, 1595; in-12, mar. vert, dos orné fil., dent. int., tr. dor. (*Dupré*).

507. La Gerusalemme liberata di Torquato Tasso. *S. l. n. d.*, in-4, titre gravé, vélin.

Figures à chaque chant.

508. La Gerusalemme liberata di Torquato Tasso. *Londra*, 1796; 2 vol. in-12, mar. r. tr. dor.

509. La Gerusalemme liberata di Torquato Tasso. *Londra, G. Pickering*, 1822; 2 vol. in-64, portr. cart, n. rog.

510. La Jérusalem délivrée, traduction nouvelle et en prose par M. V. Philippon de La Madelaine, édition illustrée par MM. Baron et C. Nanteuil. *Paris, J. Mallet*, 1841 ; gr. in-8, dem.-rel. chag. vert.

511. L'Aminte du Tasse, pastorale traduite de l'italien en vers français, *suivant la copie de Paris, à la Haye, chez Levyn van Dyck*, 1681 ; in-12, *figures*, v. f. ant., dem.-rel.

512. La Storia di Lionbruno, il quale fù lasciato dal padre per povertà in preda del Diavolo. *Firenze, s. d.*, in-4, mar. r., tr. dor.

Pièce en vers, très-rare.

513. Della Caccia, poema del signor Erasmo di Valvasone. *In Bergamo*, 1591 ; in-8, *figures sur bois*, parch.

514. Dolce. L'Achille e l'Enea, in-8, rima. *In Venegia, Giolito*, 1572 ; in-4, v.

515. Franceide, ovvero del Mal francese, poema giocoso del dottor Gio. Battista Lalli da Norsia. *In Venetia*. 1629; in-16, mar. viol., fil. à comp. sur le dos et les plats, tr. dor.

516. La Secchia rapita, poema eroicomico di Alessandro Tassoni. *In Modena*, 1744; in-4, *frontispice, portrait, figures, cartes, vignettes et fleurons*, v. f. antiq. fil., tr. dor.

517. Tutte le opere di Giovan Giorgio Trissino, gentiluomo vincentino, non più raccolte. *In Verona*, 1729; in-4, v. f. antiq.

518. La Rampogna del cavalier Marino, divisa in idilli favolosi et pastorali. *In Parigi, presso Abraam Pacardo*, 1620; in-12 allongé et réglé, titre front. gravé, mar. vert, dos et plat à comp. fleurdelisé, tr. dor.

Ancienne reliure restaurée.

519. La Eromena del cavalier Gio. Francesco Biondi, libri sei. *In Bologna*, 1645; 2 tom. en 1 vol. pet in-12, v. f. antiq., tr. rouge.

Aux armes du COMTE D'HOYM.

520. L'Éromène (traduit de l'italien de J. F. R. Biondi, par d'Andiguier neveux). *Paris*, 1633; 2 parties en 1 vol. in-4, figures v. brun.

521. L'Arcadia di Jacopo Sannazzaro. *In Venetia*, 1725; in-12, v. f., tr. dor.

522. Ricciardetto di Riccolo Carteromaco. *In Parigi*, 1738; in-4, portrait, fleuron, vignettes et culs-de-lampe par G. Ghedini Ferrarese, gravés par P. Zucchi, maroq. rouge, dos orné, comp. à la Duseuil, dent. int., tr. dor.

523. Richardet, poëme (par Carteromaco, traduit en vers français). *S. l. n. d.* (*édition Cazin*); 2 vol. in 18, v. antiq., fil., tr. dor.

524. Il Vendemmiatore, poemetto in ottava rima di Luigi Tansillo, e la Priapeia di Niccoló Franco. *Peking, regnante Kien-long* (Paris); in-12 d.-rel., v. n. rogn.

525. Delle Opere del cavalier Battista Guarini. *In Verona*; 1738, 4 vol. in-4. *Frontispice, fleurons sur les titres*, v. antiq. marbr.

526. La Bella mano di Giusto de' Conti, romano senatore. *In Firenze*, 1715; in-12, v. fauve, dent. à froid, à comp., tr. dor.

527. La Bucchereide del dottor Lorenzo Bellini. *In Firenze*, 1729; in-12, maroq. rouge jans., tr. dor. (*Reliure moderne*).

528. Bertoldo con Bertoldino e Cacasenno in ottava rima con argomenti, allegorie, annotazioni e figure in rame. *In Bologna*, 1736; in-4 parch.

529. Lettere famigliari di Jacopo Bonfadio sulla riviera di Salo, con altri suoi componimenti in prosa ed in verso, e colla vita dell' autore scritta dal sig. conte Giammaria Mazzuchelli. *In Brescia*, 1758; 2 vol. in-8. *Figures*, v. fauve antiq., tr. rouges.

530. Scherzi poetici. *Roma*, 1794; gr. in-8, v. m. fil., tr. dor.

Figures en couleurs.

531. Rime di Gabriello Chiabrera. *Milano*, 1807; 3 vol. in-8, demi-rel. v. rouge, n. rog.

532. Amore e i sepolcri di Davide Bertolotti. *Milano*, 1824; 2 tomes en 1 vol. in-16, v. fauve, fil. à comp., tr. dor. (*Bibolet*).

533. Opere di Vittorio Alfieri. *Parigi*, *Didot*, 1788; 19 vol. gr. in-8, d.-rel. n. rog.

Exemplaire en grand papier.

534. Le Satire di Benedetto Menzini. *In Napoli*, 1763; in-4, v. m., fil., tr. dor. *Portrait.*

535. Canzonette musicale e moderne raccolte da autori nella poesie et musica eccellentissimi, per il sig. Remigio Romano. *In Venetia*, 1824; in-16, parch.

536. Œuvres complètes d'Alexandre Pope, trad. en français. *Paris, Vve Duchesne*, 1779; 8 vol. in-8, portrait, v. m., fil., tr. dr.

Figures de Marillier.

537. Les Saisons, poëme trad. de l'anglais de Thompson. *Paris*, 1759; in-8, v., fil. *Fig. d'Eisen.*

538. Les Saisons, poëme trad. de l'anglais de Thompson. *Londres, Cazin*, 1779; in-18. *Frontispice par Marillier, gravé par N. de Launay*, maroq. vert., fil., tr. dor. (*Anc. reliure*).

539. Les Saisons, poëme trad. de l'anglais de Thompson, *S. l. n. d.*, in-18, *titres, frontispice et 4 figures gravés*, maroq. rouge., fil., tr. dor. (*Reliure ancienne*).

540. Œuvres complètes de lord Byron, traduites par Benjamin Laroche. *Paris, Charpentier*, 1836-37; 4 vol. gr. in-8. *Gravures anglaises*, demi-rel. maroq. vert avec coins, fil., tr. marbr.

541. **Alfred Tennyson.** — Elaine, poëme traduit de l'anglais par Francisque Michel, avec neuf gravures sur acier, d'après les dessins de Gustave Doré. *Paris, L. Hachette*, 1867; in-4. cart. percal. rouge estamp.

III. — Fables

542. Contes et fables indiennes de Bidpaï et de Lokmann, traduites d'Ali-Echelebi-ben-Saleb, auteur turc. *Paris*, 1778; 3 vol. in-12, v. antiq. marbr. fil.

543. Les Fables d'Ésope, Phrygien, illustrées de discours moraux philosophiques et politiques, nouvelle édition augmentée de beaucoup en divers endroits, par J. Baudoin. *Bruxelles, chez François Foppens*, 1669; in-12, *vignettes*, parch.

544. Les Fables d'Esope, traduites et moralisées par J. Baudoin. *Rouen*, 1670; in-8, v. *Figures.*

545. Les Fables d'Esope, Phrygien, traduction nouvelle illustrée de discours moraux, philosophiques et politiques, par J. Baudoin. *Rouen*, 1650; in-8, figures, v. antiq.

546. Phædri Fabularum Æsopiarum libri V, notis illustrati a J. Laurentio. *Amstelodami, apud J. à Waesberge*; 1667, in-8, vélin.

Figures.

547. **Gabrielis Faerni** Cremonensis Fabulæ centum ex antiquis auctoribus selectæ carminibusque explicatæ et eiusdem carmina varia. *Parmæ*, 1793; in-4, front. et planches gravées, maroq. vert., tête dor., n. rog.

548. Cent Fables choisies des anciens auteurs, mises en vers latins par Gabriel Faerne et traduites par M. Perrault. *Londres*, 1743; in-4, br. *Vignettes.*

549. Cento e cinquanta Favole tratte da diversi autori antichi e ridotte in versi e rime da M. Pietro Targa. *In Venetia*, 1569; pet. in-12, *fig. sur bois à mi-pages*, maroq. bistre, dent. int., tr. dor. (*Reliure moderne*).

550. **Fables choisies** mises en vers par M. de La Fontaine. *A Paris, chez Denys Thierry et Cl. Barbin*, 1678; 4 vol. in-12, fig. à mi-pages, v. brun.

551. Fables choisies mises en vers par M. de La Fontaine. *Suivant la copie de Paris, à Amsterdam, chez Pierre Mortier* (*à la sphère*); 1693, in-12, v. fauve, fil. à comp., tr. dor.

552. Fables choisies, mises en vers par M. de La Fontaine. *Suivant la copie imprimée à Paris et se vendent à Anvers*, 1699; 2 vol. in-8., v. b.

Figures de Cause.

553. **Fables choisies** mises en vers par J. de La Fontaine. *Paris, chez Desaint et Saillant*, 1755-59; 4 vol. in-folio; frontispice et 276 figures par Oudry; v. écail., fil., tr. dor.

Bel exemplaire sur papier de Hollande.

554. Fables choisies mises en vers par J. de La Fontaine, nouvelle édition gravée en taille-douce. Les figures par le sieur Fessard, le texte par le sieur Montulay, dédiées aux enfants de France. *A Paris, chez Des Lauriers, papetier*, 1765-1777; 6 vol. in-8, demi-rel. v. rouge, n. rog.

Exemplaire de second tirage.

555. Fables de La Fontaine. *Paris, de l'imprimerie de P. Didot l'aîné*, 1813; 2 vol. in-12, v. fauve, fil., tr. dor. (*Reliure moderne*).

Exemplaire sur papier vélin.

556. Fables de Lafontaine. *Paris, Didot l'aîné*, 1813; 2 vol. in-8. gravures demi-rel. maroq. rouge, tr. marbr.

557. Fables inédites des XIIe, XIIIe et XIVe siècles, et Fables de La Fontaine, précédées d'une Notice sur les fabulistes par A. C. M. Robert, ornées d'un portrait de La Fontaine, de 90 gravures en taille-douce et de 4 fac-simile. *Paris, Et. Cabin*, 1825; 2 vol. in-8, br., n. rog.

558. Fables de La Fontaine, édition en taille-douce. *Paris, Goujet, graveur*, 1834; 2 vol. in-4, v. fauve, tr. marbr.

559. Fables de La Fontaine, illustrées par Granville, nouvelle édition. *Paris, Fournier*; 1839, 3 vol. in-8, figures, v. ant., fil., tr. dor.

Le tome III comprend la seconde série des figures de Granville.

560. Fables de La Fontaine, illustrées, par Grandville. *Paris, Furne*, 1842; 2 vol. gr. in-8, demi-rel. mar. *Figures.*

561. Fables de La Fontaine, édition illustrée par J. David, T. Johannot, V. Adam, F. Grenier et Schaal, précédées d'une notice historique par le baron Walckenaer. *Paris, Didier*, 1842 ; 2 vol. in-12, mar. viol. comp., tr. dor.

562. Fables de La Fontaine, édition illustrée par J. David, T. Johannot, V. Adam, J. Grenier et Schaal, précédées d'une notice historique par le baron Walckenaer. *Paris*, 1846 ; gr. in-8, dem.-rel. mar. r. fil. plats toile, tr. dor.

563. Fables de La Fontaine illustrées de gravures sur bois par Gavarni, Vattier, Demerville et E. Bataille. *Paris, Victor Lecou*, 1851 ; in-8, dem.-rel. mar. viol.

564. Quelques fables de La Fontaine. *Paris*, 1855 ; pet. in-16, br.

Édition miniature.

565. Fables de La Fontaine avec les dessins de Gustave Doré. *Paris, L. Hachette*, 1868 ; in-4, dem.-rel. mar. vert, tr. peign.

566. Fablos causidos de Jean La Fountaino tremudados en berses gascouns é dédiados à Soun Altesso Ruoyalo Mgr lou Duc d'Angoulémo, per un Bourdelés, M. Bergeyret Lou Nebout, *à Paris*, 1816 ; in-12, avec le texte français en regard, v. rac. dent.

567. Fables morales et nouvelles par M. Furetière, abbé de Chalivoy. *A Paris, chez Claude Barbin*, 1671 ; in-12, mar. vert, fil. dent. int., tr. dor. (Dupré).

568. Contes et Fables de M. Le Noble, ouvrage enrichi de figures. *Amsterdam, chez M. Georges Gallet*, 1699 ; 2 tomes en 1 vol. in-12, *frontispice par Elliger, gravé par A. de Blois et figures à mi-page*, v. antiq.

569. Fables nouvelles, dédiées au Roy par M. de La Motte de l'Académie françoise, avec un discours sur la fable. *A Paris, chez Grégoire Dupuis*, 1719; *frontispice par Coypel, gravé par Tardieu, fleuron gravé sur le titre et vignettes*, v. et fil. tr. rouge.

570. Fables et Contes (par M. de Rivery de l'Académie d'Amiens). *A Paris, chez Duchesne*, 1754 (*fleuron sur le titre et 3 vignettes par Eisen*); in-12, v. écail. fil., tr. dor.

571. Fables originales par Jean Kidgell du collége d'Hertford dans l'université d'Oxford. *A Londres, chez Jacques Robson*, 1763; 2 vol. in-12, *vignettes gravées au trait*, v. f. fil. antiq.

572. Fables nouvelles (par Dorat). *A la Haye, et se trouve à Paris*, 1773; gr. in-8, bas.

Fleurons et vignettes de Marillier. Bonnes épreuves, papier de Hollande. *Tome premier.*

573. Fables nouvelles par M. Imbert. *Paris, chez Delalain.* 1773; in-8, *figure par Moreau le jeune, gravée par D. Née*, v. antiq. marbr.

Exemplaire en grand papier.

574. Fables et Œuvres diverses de M. l'abbé Aubert. *A Paris, chez Moutard*, 1774; 2 *frontispices par Cochin, l'un gravé par Tilliard et l'autre par Saint-Aubin*, dem.-rel. v. bleu, tr. jasp. (*Reliure moderne*).

575. Fables par M. Boisard. *Paris, chez Pissot*, 1779; 2 tomes en 1 vol. in-8, 2 *jolis fleurons sur les titres par Monnet*, 9 *figures et* 2 *culs-de-lampe par le même, gravés par L. Schmitz*, v. écail., fil., tr. marbr.

576. Fables de Florian illustrées par J. J. Grandville. *Paris, Garnier fr., s. d.*, dem.-rel. mar. viol., tr. dor.

577. Recueil de fables choisies dans le goût de M. de La Fontaine sur de petits airs et vaudevilles connus, notés a la fin, pour en faciliter le chant. *Paris, chez Morin*, 1785, in-18, v. écail. fil., tr. dor.

578. Fables et Contes mis en vers (par Ménard de Saint-Just). *Parme de l'Imprimerie de Bodoni*, 1792 ; in-12, dem.-rel. v. f. n. rog.

Édition tirée à 25 exemplaires seulement.

579. Recueil de Fables dédié au Roi par M. B. F. A. de Fonvielle (de Toulouse). *Paris, F. Didot l'aîné*, 1818 ; in-8, mar. vert dent. doublé de tabis rose, tr. dor. (*Armoiries du Roi sur les plats*).

580. Fables et poésies choisies de Théophile-Conrad Pfeffel, traduites en vers français et précédées d'une notice biographique par M. Paul Lehr. *Strasbourg*, 1840; gr. in-8, gravures et un portrait de Napoléon Ier sur chine avant la lettre, dem.-rel. mar. viol. avec coins, tête dor., n. rog.

581. Fables de S. Lavalette, illustrées de nouvelles eaux-fortes par Grandville. *Paris, Hetzel*, 1847, gr. in-8, dem.-rel. fig.

582. Fables, anecdotes et contes par Ch. Desains. *Paris*, 1850; gr. in-8, gravures dem.-rel. v. r., tr. dor.

583. Fables de P. Lachambaudie, précédées d'une introduction par Pierre Leroux, édition illustrée d'après les dessins de Daubigny, Gérard-Séguin, Cabasson, C. Nanteuil, etc. *Paris, V. Lecou*, 1855; gr. in-8, dem.-rel. v. f. tr. jasp.

584. Les Fables complètes de M. Viennet. *Paris, L. Hachette*, 1865; in-12, dem.-rel. mar. vert, tête dor., n. rog.

IV. — Chansons

585. Des Chansons populaires chez les anciens et chez les Français, essai historique suivi d'une étude sur la chanson des rues contemporaine, par Ch. Nisard. *Paris, E. Dentu*, 1867; 2 vol. in-12, jolie dem.-rel. mar. rose, dos à comp., fil., tête dor., n. rog.

586. La Fleur des chansons. *S. l. n. d.*, pet. in-8, dem.-rel. mar. v. n. rog.

Réimpression gothique, à petit nombre.

587. Chansons et saluts d'amour de Guillaume de Ferrières dit le vidame de Chartres, publiés avec une notice sur l'auteur par M. L. Lacour. *Paris, A. Aubry*, 1856; in-12, dem.-rel. mar. f., tête dor., n. rog.

588. Les Chansons d'autrefois, vieux chants populaires de nos pères, recueillis et annotés par Gustave Doré. *Paris, J. Laisné*, 1864; in-12, couv. impr., dem.-rel. mar. vert, tr. peign.

589. Chants historiques et populaires du temps de Charles VII et de Louis XI, publiés avec des notices et une introduction par M. Le Roux de Lincy. *Paris, Aubry*, 1857; in-12, dem.-rel. mar. viol., tête dor., n. rog.

590. Nouveau recueil des plus beaux Noëls. *Poitiers, chez J. A. Barbier*, 1838; in-12, dem.-rel. mar. bl., dos à comp., tête dor., n. rog.

591. Chants et chansons populaires de la France. *Paris, L. Delloye et Garnier fr.*, 1843; 3 vol. gr. in-8. v. fauve fil., tr. jasp.

592. Chants et chansons populaires des provinces de l'ouest, Poitou, Saintonge, Aunis et Angoumois avec les airs originaux recueillis et annotés par Jérôme Bujeand. *Niort, L. Clouzot*, 1866; 2 vol. in-4, dem.-rel. maroq. rose foncé, tr. peign.

593. Chansons populaires des provinces de France, notices par Champfleury, accompagnement de piano par J.-B. Wekerlin. *Paris, Bourdilliat*, 1860; gr. in-8 v. viol., fil., tr. jasp.

4e vol., Province. — Noels, chansons de Mai; Ballades, chansons de métiers; Rondes, chansons de mariées, illustrées par MM. Bida, Flameng, Bracquemond, etc.

594. Chansons de Gaultier Garguille, nouvelle édition suivie des pièces relatives à ce farceur, avec introduction et notes par Édouard Fournier. *A Paris, P. Jannet*, 1858; in-12 v. fauve, dos orné, fil., dent. int., tr. dor.

595. Chansons sur la Régence, publ. par Ach. Genty. *Paris, Poulet-Malassis*, 1861; pet. in-8, dem.-rel. maroq. vert.

596. Nouveau recueil de chansons choisies. *A la Haye, chez Jean Meaulme*, 1735; 7 vol. in-12, *musique notée*, v. antiq.

597. Recueil général des pièces, chansons et fêtes données à l'occasion de la prise du Port-Mahon, précédé du journal historique de la conquête de Minorque. *En France*, 1757; in-8, v. antiq. marbr.

598. Anthologie françoise ou Chansons choisies depuis le XIIIe siècle jusqu'à présent (par Monet). (*Paris*), 1765; 4 vol. in-8 *avec musique notée, portrait, 2 frontispices et 2 figures par Gravelot*, maroq. citron, fil., tr. dor. (*Reliure ancienne*).

Le 4e vol., *Chansons joyeuses*, est de Collé.

599. **Choix des Chansons** mises en musique par M. de La Borde, premier valet de chambre ordinaire du Roi. *Paris, chez de Lormel*, 1773; 4 vol. gr. in-8, *portrait de La Borde, par Denon, gravé en 1774 par Masquelier, figures de Moreau le jeune, Lebarbier, Lebouteux et Saint-Quentin, gravées par Née et Masquelier*, v. antiq. marbr.

Exemplaire sur papier bleuâtre. Sur quelques feuillets se trouve un cachet (*Cercle littéraire du Palais-Royal*).

600. Chansons choisies avec les airs notés. *Londres* (*Cazin*), 1784; 6 vol. in-12 br., non rogn.

601. Chansons anacréontiques du berger Silvain (Maréchal). *Paris, s. d.*; pet. in-12, dem.-rel. mar. r., front. gravé, non rogn.

602. Recueil complet des chansons de Collé. *Hambourg et Paris*, 1864; in-12 maroq. Lavall., fil., dent. int., tr. dor. (*Dupré*).

603. Recueil de chansons légères, gr. in-8 maroq. rouge, fil., tr. dor. (Reliure ancienne).

Manuscrit de la fin du XVIIIe siècle, d'une très-belle écriture (183 pages).

604. Chansons de Desaugiers. *Paris, Ladvocat*, 1827; 4 vol. in-12, v. ant. fil.

605. Chansons de P.-J. de Béranger, anciennes, nouvelles et inédites. *Paris, Baudoin fr.*, 1828; 2 tomes en 1 vol. in-8, dem.-rel., chagr. noir avec coins, fil., tr. jasp.

Dessins coloriés d'Henri Monnier.

606. Œuvres complètes de P.-J. de Béranger, ornées de 104 vignettes en taille-douce. *Paris, Perrotin*, 1834; 4 vol. — Supplément tome V. — Musique des chansons, 1 vol. Ens. 6 vol. in-8; dem.-rel. v. bleu, tr. marbr.

607. Chants et chansons (poésie et musique) de Pierre Dupont, ornés de gravures sur acier d'après E. Johannot, Andrieux, C. Nanteuil, etc. *Paris, Alex. Houssiaux*, 1853; *Lecrivain et Toubon*, 1859; 4 vol. in-12 carré, dem.-rel. maroq., tête dor., n. rogn.

608. Chansons de Gustave Nadaud. *Paris, H. Plon*, 1867; 4 vol. in-12, jolie dem.-rel. maroq. rouge foncé, fil., tête dor., n. rogn.

Chansons de salon. — Chansons populaires. — Chansons légères. — Opérettes.

V. — Théâtre

609. Anecdotes dramatiques (par Clément et l'abbé de La Porte). *Paris, chez la veuve Duchesne*, 1775; 3 vol. in-8, dem.-rel. v. fauve antiq.

610. Marci Accii Plauti Comœdiæ quæ supersunt. *Parisiis, typis J. Barbou*, 1759; 3 vol. in-12, trois frontispices et trois vignettes par F. Eisen, gravés par Lempereur et Aliamet, v. antiq. marbr., fil., tr. dor.

611. Études sur les mystères, monuments historiques et littéraires, la plupart inconnus et sur divers manuscrits de Gerson, par Onésime Leroy. *Paris, L. Hachette*, 1837; in-8, demi-rel. v. fauve.

612. Le Grand mystère de Jésus, passion et résurrection, drame breton du moyen âge avec une étude sur le théâtre chez les nations celtiques, par le vicomte Hersart de La Villemarqué. *Paris, Didier*, 1866; in-12, dem.-rel. maroq. vert, tr. peign.

613. Mystère de saint Crespin et saint Crespinien, publié pour la première fois d'après un manuscrit conservé aux archives par D. Dessalles et P. Chabaille. *Paris, chez Silvestre*, 1836; gr. in-8 br.

Tiré à 200 exemplaires.

614. Deux sotties jouées à Genève en 1523 et 1524, avec une notice historique par Le Roy. *Genève, Gay*, 1868; in-12 mar. or. (*Dupré*).

L'un des 4 exemplaires sur chine.

615. L'Enfant sage à trois ans avec la similitude de lenffant (sic) proudigue. *Paris, Aubry*, 1859; pet. in-8, dem.-rel. mar. r.

Réimpression gothique à 52 exemplaires.

616. Ancien théâtre françois ou Collection des ouvrages dramatiques les plus remarquables depuis les mystères jusqu'à Corneille, publié avec des notes et éclaircissements par M. Viollet-le-Duc. *Paris, P. Jannet*, 1854-1857; 10 vol. in-12, v. fauve, dos à la Pasdeloup fil., dent. int., tr. dor. (*Dupré*).

Bel exemplaire.

617. Les Amours de Colas, comédie du XVIIe siècle en vers poitevins, réimprimée à 55 exemplaires. *Paris, Techener*, 1843; in-8, dem.-rel. mar. r., n. rogn.

618. Chefs-d'œuvre dramatiques ou Recueil des meilleures pièces du théâtre français, tragique, comique et lyrique, etc., par M. Marmontel, historiographe de France. *Paris, chez Brunet, libraire*, 1775, in-4; *3 figures, 15 vignettes et 10 culs-de-lampe par Eisen, gravées par de Launay, Helman, Masquelier, Née et Ponce*, dem.-rel. ancienne en maroquin rouge, tr. marbr.

619. Théâtre de Pierre Corneille avec des commentaires. *S. l.*, 1764; 12 vol. in-8, figures de Gravelot, v. antiq. marbr.

620. Théâtre de P. Corneille, avec les commentaires de Voltaire. *Paris*, de l'*Imprimerie de F. Didot*, 1795; 10 vol. in-4, neuf, n. coup.

621. OEuvres de Jean Racine avec des commentaires par M. Luneau de Boisjermain. *A Paris, de l'impr. de Louis Cellot,* 1768 ; 7 vol. in-8 ; *portrait de Racine, par J.-B. Santerre, gravé en 1767 par Gaucher, et figures de Gravelot,* v. fauve antiq., fil.

622. OEuvres complètes de J. Racine avec les notes de tous les commentateurs, publiées par L. Aimé-Martin. *Paris, Lefèvre,* 1844 ; 6 vol. in-8, figures de Desenne, dem.-rel. maroq. vert du Levant, fil., tr. marbr.

623. Rachel et la tragédie, par M. Jules Janin, ouvrage orné de dix photographies représentant Mlle Rachel dans ses principaux rôles. *Paris, Amyot,* 1859 ; in-4, dem.-rel., chagr. viol., tr. peign.

624. OEuvres de Molière. *Paris, chez la veuve David,* 1768 ; 8 vol. in-12, *frontispice, fleurons et figures par J. Punt,* v. fauve, fil., tr. rouges (*Reliure moderne*).

625. OEuvres de Molière avec des remarques grammaticales, des avertissements et des observations sur chaque pièce, par M. Bret. *Paris,* 1773 ; 6 vol. in-8, *portrait d'après Mignard, gravé par Cathelin ; 6 fleurons sur les titres et figures par Moreau, gravées par Baquoy, Delaunay, Duclos, de Ghendt, Helman, Lebas, Masquelier, Née et Simonet,* v. écail, fil. tr. dor.

626. Galerie historique des portraits des comédiens de la troupe de Molière, gravés à l'eau-forte sur des documents authentiques par Frédéric Hillemacher. *Paris, L. Pérrin,* 1858 ; in-8 maroq. rouge, dos orné, fil. à comp., dent. int., tr. dor. (*Capé*).

Tiré à 100 exemplaires.

627. OEuvres de Molière, précédées d'une notice sur sa vie et ses ouvrages par M. Sainte-Beuve, vignettes par Tony Johannot. *Paris*, *Paulin*, 1835; 2 vol. gr. in-8, v. fauve, fil., tr. dor.

628. **Théâtre de J.-B. Molière**, édition collationnée sur les textes originaux et ornée de gravures à l'eau-forte, par Fréd. Hillemacher. *Lyon*, *Scheuring*, 1864; 8 vol. in-8 br.

629. Les OEuvres de M. Pradon. *Paris*, 1744; 2 vol. in-12, v. antiq.

630. OEuvres de Regnard. *Paris*, *chez Maradan*, 1790; 4 vol. gr. in-8, *figures de Borel et de Monsiau*, v. rac., dent., tr. dor.

631. Le Théâtre italien de Gherardi, ou le Recueil général de toutes les comédies et scènes françoises jouées par les comédiens italiens du roi pendant tout le temps qu'ils ont été au service. *Paris*, *chez Pierre Witte*, 1717; 6 vol., frontispice et figures, v. gr.

Ex libris : De Cayrol.

632. Théâtre de Voltaire. *Londres*, 1782 (*édition Cazin*); 10 vol. in-18. *Figures gravées par Lachaussée*, v. écail., fil., tr. dor.

633. Le Rat puni. comédie avec divertissement. *Paris*, *Prault*, 1738; in-8, front. gravé, mar. br.

634. OEuvres complètes de Crébillon. *Paris*, 1785; 3 vol. gr. in-8. *Portrait de Crébillon, gravé d'après de La Tour, un deuxième ajouté gravé par Duflos d'après J. Aved, double suite des figures gravées d'après Marillier, avec et avant la lettre*, mar. v. dent. à comp. (*Reliure ancienne*).

Bel exemplaire en GRAND PAPIER VÉLIN.

635. Les Deux Biscuits, tragédie. *Se vend à Astracan*, 1752; in-8, frontispice gravé et vignettes, cart.

636. Théâtre des Boulevards, ou Recueil de parades. *Mahon*, 1656; 3 vol. in-12, fig., v. ant. marbr.

637. OEuvres complètes d'Alexis Piron, publiées par M. Rigoley de Juvigny. *Paris*, 1776; 7 vol. in-8. *Portrait de Piron dessiné et gravé par Saint-Aubin*, v. écail., fil., tr. dor.

Initiales sur les plats.

638. Pièces de théâtre en vers et en prose, par le président Hénault. *S. l.*, 1770; in-8. *Fleuron sur le titre par Eisen, gravé par Longueil; vignettes par Eisen et par de Sève, gravées par de Longueil, Legrand et Duflos;* v. rac. tr. dor.

639. Les Philosophes, comédie en trois actes, en vers, par Palissot. *Paris*, *Duchesne*, 1760; pet. in-8, front. grav. cart.

Édition originale.

640. L'Amoureux de quinze ans ou la Double Fête, comédie représentée devant S. M. à Fontainebleau, par Laujon. *De l'imprimerie de A. Ballard*, 1771; pet. in-8, frontispice de Gravelot, v. m., fil.

1re édition.

641. Tragédies par Dorat. — Régulus, tragédie en vers, précédée d'une lettre au solitaire du Gùélaguet. *Paris*, 1766; *figures par Eisen, vignette et cul-de-lampe gravés par de Longueil.* — Théagène, 1766; *figure par Eisen, gravée par E. de Ghendt.* Amilka ou Pierre Legrand, 1767. *Figure par Eisen, gravée par de Longueil.* — Fragments d'une tragédie d'Alceste, ens. 4 ouv. en 1 vol. gr. in-8, dem.-rel. mar. bl. avec coin, fleurons à l'antique., fil., tr. dor., n. rog.

Superbe exemplaire en GRAND PAPIER DE HOLLANDE.

642. Théâtre de campagne, ou recueil de Parades les plus amusantes, propres au délassement de l'esprit, jouées sur des théâtres bourgeois. *Nugopolis, et se trouve à Paris*, 1767 ; in-8, v. marbr.

643. Les Jeux de la petite Thalie, ou Nouveaux petits drames dialogués sur des proverbes, par M. de Moissy. *Paris*, 1769; 3 vol. in-8, v.

644. Le Déserteur, drame en cinq actes et en prose, par Mercier. *Paris, Le Jay*, 1770; in-8, mar. br. dor.

Frontispice de Marillier. Édition originale.

645. OEuvres complètes de Marivaux. *Paris, chez la Vve Duchesne*, 1781; 12 vol. in-8. *Portrait* gravé, v. écail., fil., tr. marbr.

646. Les Après-soupers de la société, petit théâtre lyrique et moral sur les aventures du jour, par Billardon de Sauvigny. *Paris, chez l'auteur*, 1783; 5 vol. in-18. *Figures, vignettes ou frontispice par Binet, Eisen et Martinet, gravées par Berthet, de Launay, Martinet, etc., avec musique, notée*, v. ant., fil.

Manque le tome VI.

647. La Folle journée ou le Mariage de Figaro, comédie par M. de Beaumarchais. *Paris, chez Rouault*, 1785; 5 figures, par Saint-Quentin, gravées par Halbon, Léonard et Lingué, gr. in-8, dem.-rel. mar. viol., tête dor., n. rog.

Exemplaire en grand papier.

648. Théâtre. — L'Abbé de L'Épée, comédie historique, par Bouilly. *Paris, an VIII.* — L'Avocat, comédie par F. Roger. *Paris*, 1806. — Les Menechmes grecs, comédie par Jean-Fr. Cailhava. *Paris*, 1791. — Défiance et malice ou le Prêté rendu, comédie par Michel Dieulafoy. *Paris*, 1801. — La Suite d'un bal masqué, comédie. *Paris*, 1818. — Macbeth, tragédie en cinq actes, par J. F. Ducis. *Paris*, 1813. — La Partie de chasse de Henri IV, comédie par M. Collé. *Paris*, 1775. *4 figures par Gravelot, gravées par Simonnet et Rousseau.* Ens. 6 pièces en 1 vol. in-8, dem.-rel. bas.

649 — La Galerie lyrique des spectacles. *Paris, chez Janet*, 1810; in-18, v. rouge ant., dent., tr. dor. (*Texte gravé et 6 planches.*)

650. Les Charmes de l'Opéra-Comique, ou Choix de nouvelles ariettes. *Paris, chez Janet.* In-18. Titre gravé et 6 planches, v. rouge. ant., fil., tr. dor.

651. Œuvres complètes de Casimir Delavigne. *Paris, Didier*, 1852; 6 vol. in-8. Gravures, dem.-rel. mar. rouge, dos orné, fil., tr. marbr.

652. Théâtre de Clara Gazul, comédienne espagnole, suivi de la Jacquerie, scènes féodales, et de la Famille Carvajal, par Prosper Mérimée. *Paris, Charpentier*, 1842; in-12, dem.-rel. mar., v., tr. dor.

653. Théâtre de Bayard, précédé d'une notice par Eug. Scribe. *Paris, Haehette*, 1855; 12 vol. in-12, portr. dem.-rel., mar. br,

654. Théâtre complet d'Alexandre Dumas. *Paris, Michel Lévy*, 1863; 14 vol. in-12, dem.-rel; mar. du Lev.

Bel exemplaire.

655. Théâtre complet d'Alexandre Dumas fils. *Paris, Michel Lévy fr.*, 1868; 4 vol. in-12, br.

656. **Théophile Gautier.** Théâtre de poche. *Paris*, 1875; pet. in-12, dem.-rel. mar., r. tr. jasp.

657. Œuvres dramatiques de M. Ch. Paul de Kock, réunion d'environ 75 pièces, de 1821 à 1874; en 1re édition. in-12 et in-8, br.

658. Théâtre de Alexis de Comberouse, précédé d'une notice par J. Janin. *Paris, L. Hachette*, 1864; 3 vol. gr. in-8, dem.-rel. mar. amarante jans., tête dor., n. rog.

659. Œuvres dramatiques de M. Eugène Scribe, recueil d'environ 190 pièces, de 1821 à 1858; in-18, in-12, in-8 et gr. in-8, *la plupart en première édition*, réunion en 9 cartons gr. in-8, dem.-rel. chagr. viol., dos orné.

660. Œuvres complètes de Eugène Scribe, ornées de cent quatre-vingts jolies vignettes d'après les dessins de MM. Alfred et Tony Johannot, Gavarni, Marckl, etc. *Paris, Furne et Aimé André*, 1840; 5 vol. gr. in-8, texte à deux col., dem.-rel. mar. bleu, tr. jasp.

661. Collection de pièces de théâtre du répertoire moderne, environ 300 pièces in-4, in-8 et in-12.

662. Masques et Bouffons (comédie italienne), texte et dessins par Maurice Sand. Gravures par A. Manceau, préface par Georges Sand. *Paris, H. Lévy fils*, 1862; 2 vol. gr. in-8, demi-rel. maroq. rouge, plats toile, tr. dor.

Les gravures sont en couleurs.

663. Les Tréteaux de Ch. Monselet, avec un frontispice par Braquemond. *Paris, Poulet-Malassis*, 1659; in-12, broché.

664. Le Théâtre de Polichinelle, prologue en vers par Fernand Desnoyers, pour l'ouverture du théâtre de marionnettes dans le jardin des Tuileries, 1861. *Paris, Poulet-Malassis*, 1861; br. in-12 carré. (*Eau-forte.*)

665. Théâtre de marionnettes du jardin des Tuileries, texte et compositions des dessins par M. Duranty. *Paris, Dubuisson*, s. d.; gr in-8, demi-rel. chagr. vert, plats toile, tr. dor.

666. L'Histoire par le théâtre, par Théodore Muret. 1789-1851. *Paris, Amyot*, 1865; 3 vol. in-12 br.

---

667. Ameto (ovvero Commedia delle nimphe fiorentine), del Boccacio. *Impresso in Firenze*, 1529; in-8, maroq. brun à comp., tr. bleue, 104 ff.

668. Aminta, favola boschereccia del sign. Torquato Tasso. *In Venetia, presso Aldo*, 1590; in-4, mar. br., fil., tr. dor. (*Dupré*).

Belle édition, rare, ornée de figures sur bois.

669. Aminta, favola boschereccia di Torquato Tasso. *Crisopoli*, 1789; in-4, figure détachée de Prudhon, gravée par B. Boyer, demi-rel. maroq. violet avec coins, tête dor., n. rog. (*Capé*).

670. Aminta, favola boschereccia di Torquato Tasso, ora alla sua vera lezione ridotta. *Crisopoli, impresso co tipi Bodoniani*, 1796; in-4, pap. vél., cart., n. rog. (*Portrait du Tasse gravé en médaillon sur le titre.*)

671. Aminta, favola boschereccia di Torquato Tasso. *Parigi, Nepveu*, 1813; in-12, v. ant., fil. *Figures.*

672. Il Marescalco, commedia di Pietro Aretino, 1535; pet. in-8, mar. fil.

673. Quattro commedie del divino Pietro Aretino. *S. l.*, 1588; pet. in-12., mar. vert, fil., tr. dor.

Reliure fatiguée.

674. Progne, tragedia di Domenichi. *Firenze*, *J. Giunti*, 1561; pet. in-8, cart.

Cette tragédie, publiée par Domenichi, comme son ouvrage, est la traduction d'une pièce latine publiée en 1558.

675. Mirinda, favola pastorale del Marc Antonio Ferretti. *Venetia*, 1613; in-4°, vél.

Titre gravé et figures.

676. Il Pastor fido, tragi-commedia pastorale del sig. cavalier Battista Guarini, ora in questa nuova impressione di bellissime figure in rame ornato. *In Amsterdamo*, *appresso Lodovico Elzevier*, 1640; in-64, maroq. vert, dos orné, fil., dent. int., tr. dor.

Haut. 85 mill.

677. Pastor fido di Giambatista Guarini. *Crisopoli*, *Bodoniani*, 1798; in-4, pap. vél., demi-rel., avec coins maroq. viol., dos orné, fil., tête dor., n. rog.

678. Le Berger fidèle, traduit de l'italien de Guarini en vers françois. *Amsterdam*, *chez Abraham Wolfgang*. (*La sphère*). 1689; in-16, frontispice et figures, antiq. marb.

679. Le Berger fidèle, traduit de l'italien de Guarini, en vers françois. *Cologne*, *chez Pierre Marteau* (*La sphère*). 1786; pet. in-12, fr. gr. et figures., v. fil., tr. dor.

680. Il Solimano, tragedia del conte Prospero Bonarelli. S. l. n. d. in-4. *Front. et cinq planches se dépliant, gravées par Jacq. Callot*, bas rouge dent. à comp. (*Reliure ancienne.*)

Les gravures qui ornent cette pièce sont citées comme les meilleures de Callot, par Félibien (V. *Entretiens sur la vie des peintres*, t. II, p. 162).

681. Merope, tragedia del marchese Scipione Maffei. *In Modena*, 1735; in-4, v. antiq. marb. fil.

682. Opere del signor abbate Pietro Metastasio. *In Parigi*, 1788-1782; 12 vol. in-4. *Portrait et figures gravées*, v. fauve antiq., fil., tr. dor.

Bel exemplaire.

683. Opere postume del sign. Pietro Metastasio. *In Vienna.* 1795; 3 vol. gr. in-8, v. f., fil., tr. dor.

684. Aristodemo, tragedia dell, abbate Vincenzo Monti. *Parma*, 1786; in-4, pap. vél., figure de Marroneschi, gravée par Barbazza, maroq. vert, dent., tr. dor. (*Reliure ancienne*).

685. Tragedie di Alessandro Manzoni, Milanese. *Firenze*, 1825; in-12, portrait, demi-rel. maroq. rouge avec coins, fil., tête dor., n. rog.

686. Commedie di Giovan Gherardo de Rossi. *Prato*, 1826; 4 vol. in-8, demi-rel. maroq. noir, tr. jasp.

687. Raccolta di melodrammi giocosi. *Milano*, 1826; fort vol. in-8. *Portrait*, v. antiq.

688. Commedie di Alberto Nota, con un saggio storico critico della commedia italiana del prof. F. Salfi. *Parigi*, 1829; 5 vol. in-12, portrait, demi-rel. maroq. vert, tr. jasp.

689. **Shakespeare.** OEuvres traduites de l'anglais. *Paris*, 1776-1782; 20 vol. in-4; v. porph., fil., tr. dor.

VI. — Romans

690. — Erotici greci. *Crisopoli*, 1814; 6 tomes en 3 vol. in-8, d.-rel.

691. — Les Amours pastorales de Daphnis et Chloé écrites en grec par Longus et traduites en françois par Amyot. *Paris, chez les héritiers Cramoisy*, 1717; in-12, *figures*, v. brun.

692. **Les Amours pastorales** de Daphnis et de Chloé, par Longus, double traduction du grec en françois de M. Amyot et d'un anonyme mise en parallèle. *Paris*, 1767; in-4, texte encadr., frontispice de A. Coypel gravé par Audran et 29 figures par Ph. d'Orléans, le Régent, maroq. rouge, fil., tr. dor. (*Reliure ancienne*).

693. Les Amours pastorales de Daphnis et Chloé, traduites du grec de Longus par Amyot. *Paris, impr. de Didot l'aîné*, an VIII, *3 figures de Prudhon gravées par Roger et 5 figures de Gérard gravées par Massard, Marais et Godfroy*, demi-rel. cuir de Russie, avec coins, dos orné mosaïque, fil., tête dor., n. rog.

Exemplaire en grand papier vélin.

694. Les Amours pastorales de Daphnis et de Chloé traduites du grec de Longus par Amyot. *Paris, imprimé par P. Didot l'aîné*, l'an VIII, in-18, *figure de Prudhon gravée par Roger et photographie*, maroq. vert jans., dent., tr. dor.

695. Les Affections de divers amans faites et rassemblées par Parthenius de Nicée, ancien auteur grec et nouvellement mises en françois (par Jehan Fornier). *S. l.*, 1743; in-12, v. fauve antiq., fil., tr. dor.

696. Les Amours d'Ismène et d'Ismenias (trad. du grec en françois), 1743; in-12, v., figures.

697. Les Amours de Theagène et Chariclée, histoire éthiopique d'Héliodore, traduction nouvelle (par Montlyard). *Paris, chez Samuel Thiboust*, 1626; pet. in-8. *Titre, frontispice et figures par M. Lasne*, bas.

698. Achille Tazio Alexandrino dell' amore di Clitosonte a Leucippe. *In Fiorenza*, 1598; pet. in-8, maroq. rouge, fil. à froid, à comp., dent. int., tr. dor.

699. Le Aventure d'Ero e di Leandro, di Museo Grammatico trasportate in verso italiano de Girolamo Pompei. *Parigi, A. Renouard*, 1801; in-16, *fig. par Harriet, gravée par Delvaux*, maroq. viol. à comp., tr. dor.

700. Les Métamorphoses ou l'Ane d'or d'Apulée, nouvelle traduction. *Paris, Bastien*, 1787; 2 vol. in-8, bas. *Figures.*

701. Psyches et Cupidinis Amores. *Parisiis, A. Renouard*, 1796; in-16, maroq. vert., tr. dor.

Exemplaire sur papier rose.

702. L'Eloge de la folie, traduit du latin d'Érasme par M. Gueudeville. *S. l.*, 1751; in-8, tiré in-4. *Figures et vignettes par Eisen, gravées par N. Le Mire, Pasquier, J. Flipart, Delafosse et Tardieu*, maroq. rouge., fil. à comp., tr. dor.

Bel exemplaire dans son ancienne reliure.

703. L'Éloge de la folie, traduit du latin d'Érasme par M. Gueudeville. *S. l.*, 1757; in-12. *Figures par Eisen*, v. antiq. marb.

704. Idée d'une république heureuse ou l'Utopie de Thomas Morus, chancelier d'Angleterre, traduite en françois par M. Gueudeville. *Amsterdam*, 1730; in-12, frontispice et figures gravées, v. brun.

705. Hieronymi Martini Parthenopei Novellæ, fabulæ, comœdia, editio tertia emendata et aucta. *Lutetiæ Parisiorum, P. Jannet*, 1855 ; in-12, v. fauve, dos orné, fil., dent. int., tr. dor.

706. Histoire maccaronique de Merlin Coccaie. *Paris, chez Toussaint du Bary*, 1606 ; 2 vol. in-12, v. fauve, antiq., fil.

Bel exemplaire.

---

707. Collection des Romans de chevalerie mis en prose française moderne par Alfred Delvau. *Paris, Bachelin-Deflorenne*, 1869 ; 4 vol. gr. in-8 br.

708. Le Grand Parangon des nouvelles composé par Nicolas de Troyes et publié par Em. Mabille. *Paris, A. Franck*, 1869 ; in-12, cart., perc. rouge, n. rog.

709. Les Cent Nouvelles nouvelles publiées d'après le seul manuscrit connu, avec introduction et notes par M. Thomas Wright. *Paris, P. Jannet*, 1858 ; 2 vol. in-12, cart. percal. rouge, n. rog.

710. Nouvelles françaises en prose du XIIIe siècle, publiées avec une introduction et des notes par MM. L. Moland et C. d'Héricault. *Paris, P. Jannet*, 1856 ; in-12, cart., percal. rouge. n. rog.

711. Nouvelles françoises en prose du XIVe siècle, publiées avec une introductiou et des notes par MM. L. Moland et C. d'Héricault. *Paris, P. Jannet*, 1858 ; in-12, cart., percal. rouge, n. rog.

712. Les Aventures du chevalier Jaufre et de la belle Brunissende, traduites par Mary Lafon, illustrées de 20 gravures dessinées par G. Doré. *Paris*, 1856 ; gr. in-8, chagr. vert, à comp., dent. int., tr. dor.

713. OEuvres de J. Rabelais. *Paris, chez Dentu*, 1837; gr. in-8, portrait, demi-rel. v. bleu.

714. OEuvres de F. Rabelais, précédées d'une Notice historique sur la vie et les ouvrages de Rabelais, par P. Lacroix, illustrées par G. Doré. *Paris, J. Bry aîné*, 1854; in-4, demi-rel., maroq. fauve, fil., tr. peign.

715. Contes et Nouvelles de Marguerite de Valois, reine de Navarre. *Amsterdam*, 1700; 2 tomes en 1 vol. in-12, demi-rel., vélin.

Figures de Romeyn de Hooge.

716. **Contes et Nouvelles** de Marguerite de Valois, reine de Navarre. *Paris, aux dépens de la Compagnie*, 1740; 2 vol. in-12, maroq. vert. dos orné, fil., à comp. dent., int. (*Trautz-Bauzonnet*).

Bel exemplaire entièrement NON ROGNÉ, avec les figures de ROMAIN DE HOOGE.

Ex libris Armand Bertin.

717. **Les Nouvelles** de Marguerite, reine de Navarre (Heptaméron français). *Berne*, 1780; 3 vol. in-8, *frontispice répété pour les trois volumes, figures de S. Freudenberg, vignettes et cul-de-lampe*, v. rac., fil., tr. dor.

718. L'Heptaméron des Nouvelles de Marguerite d'Angoulême, reine de Navarre. *Paris, Delahays*, 1860; pet. in-8, mar. bl., tr. supr. dor., n. rogn.

719. La Vraye histoire comique de Francion composée par Nicolas de Moulinet, sieur Du Parc, gentilhomme lorrain. *Leyde, chez H. Brumond*, 1721; 2 vol in-12, figures maroq. rouge, dos orné, fil., dent. int., tr. dor. (*Reliure moderne*).

720. Les Contes du sieur de d'Ouville. *Amsterdam*, 1732; 2 t. en 1 vol. in-12, v. f.

721. Œuvres françoises de Bonaventure Des Periers, revues sur les éditions originales et annotées par M. L. Lacour. *Paris, P. Jannet*, 1856. 2 vol. in-12, v. fauve, dos orné, fil., tr. dor.

722. Des Infortunées et chastes amours de Filiris et Isolia, par le sieur des Ecuteaux, gentilhomme londunois. *Rouen, chez Jean Osmont*, 1601. pet. in-12, parch.

723. L'Histoire véritable ou le Voyage des princes Fortunez, divisée en quatre entreprises, par Beroalde de Verville. *Paris, chez P. Chevalier*, 1610; fort vol. in-8, parch.

724. La Sylvanire ou la Morte-vive, fable bocagère de messire Honoré d'Urfé, marquis de Bagé et Verronne. *Paris, chez Robert Fouet*; 1627; in-8, portrait, demi-rel., v. rouge.

Exemplaire court de marges.

725. Les Aventures du baron des Faeneste par Théodore Agrippa d'Aubigné, nouvelle édition publiée par M. P. Mérimée. *Paris, Jannet*, 1855; in-12, v. fauve, dos orné, fil., dent. int. tr. dor.

726. Le Gascon extragant, histoire comique. *Paris, chez Cardin Besogne*, 1639; in-12, v. fauve, antiq., fil.

Aux armes de Mme de Verrue. Titre doublé, exemplaire très-rogné.

727. La Cléopâtre. *Suivant la copie imprimée à Paris*, 1648; 4 vol. pet. in-8, tit. gravé, vélin.

728. Polexandre (par Gomberville). *Paris, Augustin Courbé*, 1645; 5 vol. in-12. v.

729. Zelotyde, histoire galante à son Altesse Royale Monseigneur le duc de Savoie, prince de Piémont, roi de Chypre, par M. Le Pays. *Cologne, chez P. Michel (la sphère)*, 1666, in-12, maroq. vert. tr. dor.

Ex libris de Pixérécourt.

730. La Cour d'amour ou les Bergers galants, dédiez à Son Altesse Royale Mademoiselle, par M. Du Perret. *Paris, Th. Jolly*, 1667 ; 2 vol. in-8, bas.

731. Mathilde, dédiée à Monsieur, frère unique du roi. *Paris, chez Edme Martin et Fr. Eschart*, 1667 ; in-8. *Tit.-frontispice gravé par Chauveau*, v. fauve, dos orné, fil., tr. rouge.

732. Aventures burlesques de Dassoucy. *Paris, Delahaye*, 1858 ; in-12, v. f., fil., tr. suj. dor., n. rogn.

Exemplaire en papier vélin fort.

733. Le Roman comique par Scarron, édition ornée de figures dessinées par Lebarbier et gravées sous sa direction. *Paris, de l'imp. de Didot jeune*, l'an IV. 3 vol. gr. in-8, demi-rel., maroq. La Vall., tête dor., n. rog.

734. Le Roman comique par Scarron, nouvelle édition publiée par M. Victor Fournel. *Paris, P. Jannet*, 1857 ; 2 vol. in-12, cart., perc. rouge, n. rog.

735. Les Bigarrures et touches du seigneur Des Accords avec les Apophthegmes du sieur Gaulard et les Escraignes dijonnoises. *Paris, chez Arnould Cotinet*, 1662 ; in-12, v. antiq. tr. marbr.

736. Les Amours de Psyché et de Cupidon par J. de La Fontaine. *Paris, Didot*, 1797 ; in-4, n. rel.

Cinq figures de Girard, avant la lettre.

737. Le Mariage de Belfégor, nouvelle italienne, 1664; in-12, cart.

738. Les Amours de Charles de Gonzague, duc de Mantoue, et de Marguerite, comtesse de Rosère, écrites en italien par le Giulio Capocoda et traduites en français. *S. l.* (*la sphère*), 1666; in-8, cart.

739. Cyrano de Bergerac. — Histoire comique des États et Empire de la Lune et du Soleil. Œuvres galantes et littéraires. *Paris, Adolphe Delahays*, 1858; 2 vol. in-12, v. fauve, fil., dent. int., tr. dor.

740. Le Roman bourgeois, ouvrage comique. *Paris, chez Denys Thierry*, 1666 ; in-8, parch.

741. Le Roman bourgeois, ouvrage comique, par Antoine Furetière, nouvelle édition. avec des notes historiques littéraires par M. Edouard Fournier. *Paris, P. Jannet*, 1854; in-12, v. fauve, dos orné, fil., dent. int., tr. dor. (*Dupré*).

742. Les Amours du comte de Dunois par M. Desjardins. *Paris, chez Claude Barbin*, 1675; pet. in-12, v. fauve, fil., tr. dor.

743. Hattigé ou les Amours du roi de Tamaran, nouvelle (par Bremont). *Cologne, chez Simon l'Africain*, 1676; in-12, v. brun.

Ce roman contient l'histoire secrète des amours de Charles II, roi d'Angleterre, avec la duchesse de Cleveland.

744. L'Héroine mousquetaire, histoire véritable (par le sieur de Preschac). *Paris, chez Théodore Girard*, 1677; in-16, maroq. vert, dos orné, fil., dent. int., tr. dor. (*Reliure moderne*).

745. Le Voyage de Fontainebleau (par le sieur Préchac). *Paris*, 1678; in-12, maroq. La Vall., dos orné, fil., dent. int. tr. dor. (*Reliure moderne*).

746. La Noble Vénitienne ou la Bassette, histoire galante. *Suivant la copie de Paris, chez Claude Barbin*, 1679; in-16, v. fauve, dos orné, fil., dent int., tr. dor. (*Dupré*).

747. Histoire des Amours de Lysandre et de Caliste (par Dadignier). *Amsterdam, chez Henry et Théodore Boom*, 1679; in-12, *titre, frontispice et figures gravés*; maroq. viol. fil., dent. int., tr. dor. (*L. Tripon*).

748. L'Ambitieuse grenadine, histoire galante (par le sieur Preschac). *Sur la copie à Paris*, 1680; in-12, marop. vert., jans, dent. int., tr. dor. (*Duru*).

749. Le Voyage de la reine d'Espagne par le sieur Prechac. *Suivant la copie imprimée. Paris, chez Jean Ribou* (*à la sphère*), 1680; 2 parties en 1 vol. in-18, demi-rel. v. antiq.

750. La Valise ouverte (par le sieur Preschac). *Paris, chez la Ve d'Olivier de Varennes*, 1680; in-12, maroq. v. fil., dent. int., tr. dor. (*Dupré*).

751. Nouvelles galantes à la mode. *Paris, chez Théodore Girard*, 1680; 2 vol. in-16, cart.

752. La Duchesse de Milan, dédiée à Mlle de Nantes (par le sieur Préchac). *Paris, au Palais, chez Ch. Osmont*, 1682; in-16, maroq. viol., dos orné., fil. à comp., dent. à comp., tr. dor. (*Reliure moderne.*)

753. La Duchesse de Milan, dédiée à Mlle de Nantes (par le sieur Préchac). *Paris, au Palais, chez Ch. Osmont*, 1682; in-12, maroq. amarante jans., dent. int., tr. dor. (*Dupré*).

754. Le Bâtard de Navarre (par le sieur Préchac), nouvelles historiques. *Paris, chez Thomas Guilain*, 1683; in-12, v. gr., fil. tr. marbr.

755. Yolande de Sicile, divisée en deux parties, par M. de Préchac. *Paris, chez Claude Barbin (à la sphère)*, 1683 ; in-16, v. fauve, fil., dent. int., tr. dor. (*Reliure moderne*).

756. Cara Mustapha, grand vizir (par le sieur Préchac). *Paris, chez C. Blageart*, 1684; in-12, maroq. La Vall., dent. int., tr. dor.

757. Le Séraskier Bacha, nouvelle du temps contenant ce qui s'est passé au siége de Bade (par le sieur Préchac). *Paris, chez C. Blageart*, 1685; in-12, bas. rouge, dos et plats fleurdelisés, tr. dor.

758. Le Comte Tekely (par le sieur Préchac). Nouvelle historique, *Lyon, chez Thomas Amaury*, 1686; in-12, maroq. bistre jans., dent. int., tr. dor. (*Dupré*).

759. Le Prince esclave, nouvelle historique (par le sieur Préchac). *Sur l'imprimé, à Paris. Amsterdam, chez Abraham Wolfgang*, 1688; in-16, v. fauve fil., dent. int., tr. dor. (*Reliure moderne.*)

760. Le Duc de Guise, nouvelle historique. (Roman composé par le sieur de Brye). *La Haye, chez Jean Albert*, 1693. — Ismaël, prince de Maroc, nouvelle historique. *Sur l'imprimé à Paris, à Amsterdam*, 1703. — Don Carlos, grand d'Espagne. Nouvelle galande. *La Haye*, 1711. — La Nouvelle Actrice, dédiée à Son Altesse Royale Madame. *Amsterdam.*, 1713 ; ens. 4 ouvr. en 1 vol. in-12 parch.

761. Contes moins contes que les autres, Sans Parangon, et la Reine des Fées (par le sieur Préchac). *Paris, chez Claude Barbin*, 1698; in-12, maroq. amarante jans., dent. int.; tr. dor. (*Dupré*).

Raccommodage dans le bas du titre.

762. Le Pèlerin, nouvelle par le sieur Brémond, *S. l. n. d.* (*La sphère*) ; in-16, maroq. vert jans., dent. int., tr. dor. (*Duru.*)

763. Histoires ou Contes du temps passé, avec des moralités, par M. Perrault. *La Haye*, 1742 ; in 12, jolies vignettes gravées à mi-pages, maroq. rouge, comp. à la Duseuil, tr. dor. (*Capé*).

764. Contes du temps passé par Ch. Perrault. *Paris, Bertin*, 1854, gr. in-8, cart. *Figures.*

Texte gravé.

765. Les Contes de Perrault, dessins par Gustave Doré, préface par P. J. Stahl. *Paris, J. Hetzel*, 1862, gr. in-4, cart., percal. rouge est., n. rog.

766. Les Contes des Fées en prose et en vers de Charles Perrault, nouvelle édition, publiée par Ch. Giraud. *Paris, Imprimerie impériale*, 1864, in-8 ; br. *Portraits et vignettes gravés à l'eau-forte.*

767. Œuvres du comte Antoine Hamilton. *Paris, A. Renouard*, 1813 ; 3 vol. gr. in-8. *Portraits gravés et figures de Moreau le jeune gravées par E. de Ghendt*, v. vert.

Exemplaire relié sur brochure.

768. Les Aventures de Télémaque, fils d'Ulysse, par feu Messire François de Salignac de La Mothe Fénelon. *Amsterdam*, 1734 ; in-4. *Fleuron sur le titre, figures, par Bernard Picart et Dubourg, et culs-de-lampe*, v. antiq., fil., tr. marbr.

769. Les Aventures de Télémaque, fils d'Ulysse, par feu Messire François de Salignac de La Mothe Fénelon. *A Leide et à Amsterdam*, 1761 ; in-fol. *Fleuron sur le titre, planches, vignettes et culs-de-lampe, par De Brie, J. Dubourg, gravés par Bernard Folkema*, v. écail. fil., tr. dor.

770. Les Aventures de Télémaque, par François Salignac de La Mothe Fénelon, édition enrichie de 72 estampes, gravées d'après les dessins de Ch. Monnet, par J. B. Tilliard. *Paris*, 1810; 1 vol. in-4, demi-rel., maroq. rouge, tr. jasp.

771. Les Aventures de Télémaque par Fénelon. *Paris, de l'Imprimerie de Monsieur*, 1785 ; 2 tom. en 1 vol. in-4., maroq. rouge, fil., à comp., tr. dor.

Exemplaire en papier vélin, avec les figures peintes à la gouache.

772. Les Aventures de Télémaque, fils d'Ulysse, par M. de Fénelon. *Paris, de l'Imprimerie de Monsieur*, 1790; 2 vol. in-8. *Portrait par Vivien, gravé par Hubert, et la suite de Marillier* **avant la lettre**, *gravée par Baquoy, Dambrun, Dupréel, d'Etraux, de Ghendt, etc.*, demi-rel., v. rouge, n. rog.

Exemplaire sur GRAND PAPIER VÉLIN.

773. Le Diable babillard ou indiscret (par de Campan). *Cologne, chez Pierre Marteau*, 1711; in-12, v. brun, tr. dor.

Aux armes de Caumartin Saint-Ange.

774. L'Héroïne mousquetaire ou Histoire véritable de Mademoiselle Christine, comtesse de Meyrac. *Amsterdam, chez Jean Pauli*, 1723 ; in-12, maroq. rouge, dos orné, fil., dent. int., tr. dor.

Bel exemplaire orné de figures, reliure de Lortic. *Ex libris* Henri Bordes. Haut. 129 mill.

775. Contes moins contes que les autres, Sans Parangon et la Reine des Fées (par le sieur Préchac). *Paris*, 1724; in-12, bas.

776. Le Diable boiteux par Monsieur Lesage, nouvelle édition corrigée, refondue et ornée de figures. *Amsterdam, chez Pierre Mortier*, 1729 ; 2 t. en 1 vol. in-12, v. fauve antiq.

777. Le Diable boiteux, par Le Sage, illustré par Tony Johannot, précédé d'une notice sur Le Sage par Jules Janin. *Paris, Ern. Bourdin*, 1840; gr. in-8. maroq. rouge, à comp., tr. dor.

778. Histoire de Manon Lescaut et du chevalier Des Grieux par l'Abbé Prévost, édition illustrée par Tony Johannot, précédée d'une notice historique sur l'auteur par J. Janin. *Paris, Ern. Bourdin*, s. d., gr. in-8, maroq. rouge à comp., tr. dor.

779. Histoire de Manon Lescaut et du chevalier Des Grieux, par l'abbé Prévost. *Paris, Alph. Leclère*, 1860 ; figures de J. Lefevre, gravées par J. Coiny, v. fauve, dos orné, fil., dent int., tr. dor.

780. Histoire de Gil Blas de Santillane, par Lesage, vignettes, par Jean Giroux. *Paris, Paulin*, 1835 ; gr. in-8, fil., à comp. tr. dor.

781. Histoire de Gil Blas de Santillane, par Lesage, précédée d'une introduction par M. J. Janin, illustrations de Gavarni. *Paris, Morizot*, 1863 ; gr. in-8. demi-rel., maroq., vert. plats, toile, tr. dor.

782. Les Œuvres de Lesage. *Amsterdam*. 1783 ; 15 vol. in-8 v., tr. dor.

783. Les Œuvres de l'abbé Prévost. *Amsterdam*. 1783 ; 39 vol. in-8, v.

Figures de Marillier.

784. Le Cabinet des Fées. *Amsterdam*, 1784 ; 41 vol. in-8, v.

Figures de Marillier, bonnes épreuves.

785. Romans de Voltaire. *Paris, A. Le Chevalier*, 1867 ; gr. in-8. in-4, illustré, demi-rel., maroq. brun, dos à comp., tr. peign.

786. Lettres persanes suivies du Temple de Gnide. *Genève* (*édit. Cazin*), 1777 ; 2 vol. in-16, gravure de C. Marillier, v. rac., dent., tr. dor.

787. Le Temple de Gnide, nouvelle édition avec gravures par M. Le Mire, d'après les dessins de Ch. Eisen; le texte gravé par Drouet. *Paris, chez Le Mire*, 1772 ; gr. in-8, tiré in-4. *Titre gravé, frontispice, portrait, 9 figures et 1 fleuron représentant l'écusson d'Angleterre*, demi-rel., v. antiq.

788. Le Temple de Gnide, suivi d'Arsace et Isménie, par Montesquieu. *Paris, de l'imprimerie de P. Didot l'aîné*, 1792 ; in-12. *Figures gravées à l'eau-forte par Duplessis-Bertaux*, v. fauve, comp. à froid, tr. marb.

789. Le Temple de Gnide. *Paris, de l'impr. d'Adrien Egron. Copie des figures de C. Eisen*, gr. in-8, demi-rel. v. antiq.

790. La Mouche ou les Aventures de M. Bigand, traduites de l'italien par le chevalier de Monchy. *Amsterdam*, 1726 ; 2 vol. in-16, v. fauve antiq.

791. Mémoires de Milord***, traduits de l'anglais par M. D. L. P. (Attribués à M. de La Popelinière). *Paris, chez Prault*, 1737 ; in-12, v. brun.

792. La Patte du Chat, conte zinzimois (par Cazotte). *Tilloobalaa.* 1741 ; in-12, maroq. rouge, dent., à comp. et dent., int. (*Dupré.*)

793. Le Canapé couleur de feu par M. de *** (Fougeret de Montbron). *Londres, chez Samuel Harding,* 1792; in-12, maroq. vert., dent., à comp., tr. dor. (*Reliure moderne*).

794. La Vie de don Alphonse Blas de Santillane. *Amsterdam,* 1744 ; in-12, figures par J. Ghendt, mar. La Vall., fleurons à l'antique, dent. à comp. et dent. int., n. rog. (*Dupré*).

795. Acajou et Zirphile, conte (par Duclos). *Minutie,* 1744; 9 *figures par Boucher, gravées par Chédel, fleuron sur le titre par Cochin*; in-4., v. fauve. antiq. fil.

Exemplaire en grand papier.

796. Les Fêtes roulantes et les regrets des petites rues, (par le comte de Caylus). *S. l.* 1747; in-12 maroq. rouge fil., dent. int., tr. dor. (*Reliure ancienne.*)

797. Les Amours de Zeokinizul (Louis XV). *Amsterdam.* 1747 ; in-12 demi-rel.

Exemplaire non rogné.

798. Nocrion, conte allobroge (par le comte de Caylus). *Paris.* 1747; in-12. Titre-frontispice gravé, v. antiq. marb.

799. Histoire du roi Splendide et de la princesse Hétéroclite (par Pajou). *S. l.*, 1748, 2 parties en 1 vol. in-12, maroq. rouge, fil. tr. dor. (*Reliure ancienne*).

800. Mémoires de Versorand (par de Lasolle). *Amsterdam,* 1751 ; 6 parties en 2 vol. in-12, maroq. vert., fil. à comp. dent., int., tr. dor. (*Reliure moderne*).

801. Histoire du prince Titi (par de Sainte-Hyacinthe). *Paris, chez la veuve Pissot*, 1752; 3 vol. in-12, v. fauve, orn. à froid, tr. marb. (*Vogel*).

802. Voyage en l'autre monde, ou Nouvelles littéraires de celui-cy (par l'abbé de La Porte). *Londres, et se trouve à Paris chez Duchesne*, 1752; *frontispice et titre gravés par C. Eisen et D. Sarnique*, in-12, v. écail., fil., tr. dor.

803. Contes moraux, par M. Marmontel. *Paris, chez J. Merlin*, 1765; 2 vol. in-12, figures de Gravelot, v. écail. fil., tr. marbr.

804. Histoire amoureuse de Pierre Le Long et de très-honorée dame Blanche Bazu. La musique de M. Philidor. *Londres*, 1765; in-12, v. br.

805. Bélisaire, par M. Marmontel de l'Académie françoise. *Paris, chez Merlin*, 1767; in-12, *fig. de Gravelot*, v. fauve antiq., fil., tr. dor.

806. Le Cousin de Mahomet (par Fromaget). *Constantinople, Paris*, 1770; 2 vol. in-16, *fig. n. sig.*, mar. vert, fil. à comp., tr. dor. (*Reliure ancienne*).

807. Collection complète des Œuvres de Crébillon, le fils. *Londres*, 1772; 7 vol. in-12, v.

808. Les Malheurs de l'inconstance. *Amsterdam*, 1772; 2 vol. in-8, v. m., *fig. de Quéverdo*.

809. Les Bijoux indiscrets, par *Diderot*. *Au Monomotopa*, 1772; 2 vol. in-16, mar. vert, fil. à comp., tr. dor. (*Reliure ancienne*).

810. Contes moraux et nouvelles idylles de Salomon Gessner. *Zurich, chez l'auteur*, 1773; 2 vol. in-4, 2 titres gravés, 20 *figures*, 6 *vignettes et* 33 *culs-de-lampe, dessinés et gravés à l'eau-forte par Gessner*, dem.-rel., v. fauve., fil. avec coins fil., tr. rouge (*Reliure moderne*).

811. Œuvres de Salomon Gessner (traduites en français par Huber, Meister et l'abbé Bruté de Loirelle). *Paris, Barrois l'aîné*, 1786-1793; 3 vol. gr. in-4, figures de Lebarbier, gravées par MM. Ponce, Godefroy, Thomas, Halbon, Baquoy, vignettes et culs-de-lampe, mar. La Vall., jans., dent. int., tr. dor. (*Niédrée*).

812. Œuvres complètes de M. Gessner. *S. l. n. d.* (*Édition Cazin*), 3 vol. in-18, 3 *titres, portrait et figures de Marillier, gravées par E. de Ghendt, N. de Launay, P. Duflos*, mar. rouge, fil., tr. dor. (*Reliure ancienne*).

813. Œuvres complètes de Madame Riccoboni. *Paris, chez Volland*, 1786; 8 vol. in-8, 24 *figures gravées, dessinées par Brion de Latour, avant la lettre*, bas., tr. marbr.

814. Mort d'Abel, poëme de Gessner, traduit de l'allemand par Hubert, édition ornée d'estampes imprimées en couleur, d'après les dessins de M. Monsiau. *Paris, chez Defer de Maisonneuve*, 1793; in-4, v. rac., dent., tr. dor.

Bel exemplaire en GRAND PAPIER VÉLIN.

815. **Tarsis et Zélie**. *Paris, Musier*, 1774; 6 vol. in-8, v.

Papier de Hollande. Figures de Cochin, Vignettes d'Eisen.

816. Œuvres de M. d'Arnaud. *Paris, chez Delalain*, 1774-1778; ens. 12 vol. in-8, gravures et joliés vignettes culs-de-lampe d'Eisen, v. fauve antique, fil., tr. dor.

Nouvelles historiques, 2 vol. — Les Épreuves du sentiment, 5 vol. — Fayel, tragédie. — Euphémie ou le Triomphe de la religion, drame. — Le Comte de Comminge ou les Amans malheureux, drame. — Les Époux malheureux, 2 vol.

817. Les Incas ou la Destruction de l'empire du Pérou, par Marmontel. *Paris, Lacombe*, 1777; 2 vol. in-8, v. m., *figures de Moreau.*

818. Les Nouvelles françoises, par d'Ussieux. *Paris*, 1783; 3 vol. in-8, v. figures de Martini.

819. OEuvres complètes badines du comte de Caylus. *Amsterdam*, 1786; 12 vol. in-8, v. fil., *figures de Marillier*.

820. Contes saugrenus. *Bassora*, 1789; in-8, dem.-rel. bas.

Volume peu commun.

Ces contes sont attribués, par M. Paul Lacroix, à Sylvain Maréchal.

821. Lettres d'une Péruvienne, par Mme de Graffigny, traduites du français en italien, par M. Deodati (texte et introduction). *Paris, de l'imprimerie de Migneret*, 1797; gr. in-8, *portrait de l'auteur gravé par Gaucher, et six figures par Le Barbier aîné, gravées par Patas, L. Halbon, Ingouf le jeune, P. Choffard et E. Gaucher*, v. rac., large dent. à comp. sur les plats, tr. dor.

Très-bel exemplaire en GRAND PAPIER VÉLIN.

822. Les Aventures du chevalier de Faublas, par Louvet de Couvray, édition illustrée de 300 dessins, par MM. Baron, Français et C. Nanteuil, précédées d'une notice sur l'auteur par V. Philipon de La Madelaine. *Paris, J. Mallet*, 1842; 2 vol. gr. in-8, dem.-rel., mar. viol., tr. jasp.

823. Olivier, poëme, par Cazotte. *Paris, de l'imprimerie de P. Didot l'aîné*, 1798; 2 tom. en 1 vol. in-12, figures par Godefroy, v. fauve, dent., tr. dor. (*Reliure anglaise*).

Exemplaire en grand papier vélin, avec les figures *avant la lettre*.

824. Paul et Virginie, par Jacques-Henri Bernardin de Saint-Pierre. *Paris, de l'imprimerie de P. Didot l'aîné*, 1806; *fig. de Laffite, Girodet et Gérard, avant la lettre, et double suite par les mêmes, avec la lettre et imprimée en couleur, par Langlois*, in-fol., cart.

825. Paul et Virginie, suivi de la Chaumière indienne, du Café de Surate, du Voyage en Silésie, de l'Éloge de mon ami et du Vieux Paysan polonais, par J.-H. Bernardin de Saint-Pierre. *Paris, chez Méquignon-Marvis*, 1823; gr. in-8, *portrait par Girodet, avec l'eau-forte sur chine, un 2e portrait par Laffite, titre gravé avec fleuron, figures de Desenne sur chine, figures de H. Corbould et une autre suite avant la lettre*, dem.-rel. mar. vert, fil., n. rog.

Exemplaire sur papier vélin.

826. Paul et Virgie et la Chaumière indienne, par J.-H. Bernardin de Saint-Pierre. *Paris, L. Curmer,* 1838; gr. in-8, mar. noir, dos orné et plats à comp., tr. dor.

Ouvrage illustré de 421 figures intercalées dans le texte, gravures hors texte sur chine, vignettes et fleurons.

827. Primcrose, par le C. Ch. Morel (Vindé). *Paris*, 1798; figures de Lefebvre. — La Femme abbé, ouvrage de Sylvain Maréchal. *Paris, chez Roux*, 1801; ens. 2 ouvr. réunis en 1 v., pet. in-12, dem.-rel., v. fauve avec coins fil., tête dor., n. rog.

828. Zélomir, par Morel (Vindé). *Paris, de l'impr. de P. Didot l'aîné*, 1801; in-18, *fig. par Lefebvre,* v. antiq., tr. marbr.

829. Atala, par le vicomte de Châteaubriand, avec les dessins de Gustave Doré. *Paris, L. Hachette*, 1863; in-fol., cart. perc. rouge.

830. Point de lendemain, conte. *Strasbourg,* 1861; in-12, v. f., tr. dor.

Exemplaire en grand papier.

831. **Paul de Kock**. Romans divers. *Paris, Barba*, 1835; 30 vol. in-8, dem.-rel., v. f.

832. La Peau de chagrin, étude sociale, par Balzac. *Paris, H. Delloye et V. Lecou*, 1838; gr. in-8, vignettes intercalées dans le texe, dem.-rel., mar. noir, plats toile, tr. marbr.

833. **Ch. Nodier**. Romans, contes, nouvelles et souvenirs. *Paris, Charpentier*, 1840; 4 vol. in-12, dem.-rel. chagr. n.

834. **Victor Hugo**. Notre-Dame de Paris. *Furne*, 1840; 2 vol. in-8, rem.-rel. v., figures.

835. Voyagé où il vous plaira, par Tony Johannot, Alfred de Musset et P. J. Stahl. *Paris, J. Hetzel*, 1843; in-4, v. bleu, fil. à comp., tr dor.

836. Jérôme Paturot à la recherche d'une position sociale, par Louis Reybaud, édition illustrée par J.-J. Granville. *Paris, J.-J. Dubochet*, 1846; gr. in-4, dem.-rel., mar. rouge avec coins, tête dor., non rog.

Bel exemplaire.

837. Paris marié, philosophie de la vie conjugale, par M. de Balzac. *Paris, Hetzel*, 1846; in-12 carré, dem.-rel., *fig. de Gavarni*.

838. Marianna, par Jules Sandeau. *Paris, Paulin*, 1846; 2 vol. in-16, dem.-rel., mar. rouge, tr. jasp.

839. Œuvres illustrées de Georges Sand, préfaces et notices nouvelles par l'auteur, dessins de Tony Johannot. *Paris, J. Hetzel*, 1852; 3 vol. in-4, chagr. viol. foncé fil., tr. peign.

840. Œuvres illustrées de Balzac, 200 dessins par MM Tony Johannot, Staal, Bertall, N. Monnier, Daumier, Meissonnier. *Paris*, 1852; 5 vol. in-4, dem.-rel. chagr. vert, tr. jasp.

841. **Louis Reybaud.** Collection de ses romans. *Paris, Michel Lévy*, 1872; 21 vol. in-12, dem.-rel. chagr. v.

842. Œuvres de Charles de Bernard. *Paris, Michel Lévy frères*, 1853-1855; ens. 12 vol. in-12, dem.-rel. mar. vert, tr. marbr.

Le Gentilhomme campagnard, 2 vol. — Gerfaut. — Un Beau-Père. — Le Nœud gordien. — L'Écueil. — Nouvelles et Mélanges. — La Peau du lion et la Chasse aux amants. — Un Homme sérieux. — Les Ailes d'Icare. — Le Paravent. — Poésies et Théâtre.

843. **Alexandre Dumas père.** Œuvres diverses. *Paris, Maresq*, 1851-1853; 41 vol. gr. in-8, illustrés chagr. vert foncé, fil. à comp., tr. marbr. et 12 vol. gr. in-8 br.

Louis XIV et son siècle. — Les Trois Mousquetaires. — Vingt ans après. — Le Vicomte de Bragelonne. — Le Comte de Monte-Christo. — La Reine Margot. — Le Chevalier de Maison-Rouge, les Mille et un Fantômes, les Frères corses. — Romans divers. — Le Chevalier d'Harmental. — Impressions de voyages. — Une Fille du régent. — La Dame de Monsoreau. — La Femme au collier de velours. — Une ville artiste. — Le Trou de l'enfer. — Les Médicis. — La Régence et Louis XV. — La Peinture chez les anciens. — Les Quarante-cinq. — Quinze jours au Sinaï.

844. Six mois de la vie d'un jeune homme (1797), par Viollet-Le-Duc. *Paris, P. Jannet*, 1853; in-12, v. fauve, fil., tr. dor.

845. Romans illustrés de M. Eugène Scribe, de l'Académie française, dessins par Tony et Alfred Johannot, Staal, Pauquet, etc. *Paris*, 1854; in-4, dem.-rel. mar. bleu, dos orné, tr. jasp.

846. **X.-B. Saintine.** Picciola. *Paris*, 1854; gr. in-8, vignettes, dem.-rel. chagr. vert, plats toile, tr. dor.

847. Les Contes drôlatiques de Balzac, 5e édition, illustrée de 425 dessins par Gustave Doré. *Paris*, 1854; petit in-8, mar. brun, fil. à comp. à froid, tr. rouge semée d'hermines.

848. Les Petits Bonheurs, par M. Jules Janin, illustrations de Gavarni. *Paris*, *Morizot*, 1857; gr. in-8, dem.-rel. mar. fauve, tête dor., n. rog.

849. **Octave Feuillet**. Le Roman d'un jeune homme pauvre. — La Petite Comtesse. 1857; 2 vol. in-12, dem.-rel., mar. bl.

850. La Dame aux camélias, par Alexandre Dumas fils, préface de J. Janin, édition illustrée par Gavarni. *Paris*, *G. Hazard*, 1858; gr. in-8, dem.-rel. mar. bleu, tr. peign.

851. Les Symphonies de l'hiver, par M. Jules Janin, illustrations de Gavarni. *Paris*, *Morizot*, 1858; gr. in-8, dem.-rel. mar. vert. dos orné, plats toiles, tr. dor.

852. **Henry Murger**. *Paris*, *Michel Lévy frères*, 1859-61; ens. 13 vol. in-12, dem.-rel. mar. vert, tr. jasp.

Scènes de la vie de Bohème. — Scènes de la vie de jeunesse. — Les Vacances de Camille. — Scènes de campagne. — Le dernier Rendez-vous. — Le Pays latin. — Les Buveurs d'eau. — Les Nuits d'hiver, poésies complètes. — Le Roman de toutes les femmes. — Le Sabot rouge. — Madame Olympe. — Propos de ville et Propos de théâtre. — La Vie de Bohème, comédie en prose par Th. Barrière et H. Murger.

853. Les Contes de Charles Nodier, eaux-fortes par Tony Johannot. *Paris*, *V. Lecou et J. Hetzel*; in-4, dem.-rel. mar. brun avec coins, tr. peign.

854. Le 101e Régiment, par Jules de Noriac. *Paris*, 1860; petit in-8, dem.-rel. mar.

855. Le Chemin des Écoliers, par Saintine. *Paris*, *Hachette*, 1861; gr. in-8, mar. bl., fil., tr. dor. *Figures*.

856. Contes et Légendes, par Léon de Laujon, ouvrage illustré par G. Doré, Bertall, Foulquier, Castelli et Morin. *Paris*, *L. Hachette*, 1862; gr. in-4, cart. perc. vert est., tr. dor.

857. Histoire de l'intrépide capitaine Castagnette, par Manuel, illustrée de 43 vignettes sur bois, par Gustave Doré. *Paris*, *L. Hachette*, 1862; in-4 br.

858. La Légende du Juif-Errant, compositions et dessins par Gustave Doré, gravés sur bois par Rouget, Jahyer et Gauchard, avec la ballade de Bérenger, mise en musique par Ernest Doré. *Paris*, 1862; gr. in-fol., cart.

859. Graziella, par A. de Lamartine, avec les dessins d'Alfred de Curzon. *Paris*, *Hachette*, 1863 ; in-4, cart., perc. rouge, n. rog.

860. La Légende de Croquemitaine recueillie par Ernest L'Epine et illustrée de 177 vignettes sur bois, par Gustave Doré. *Paris*, *L. Hachette*, 1863; in-4 br.

861. **Paul de Kock**. Romans divers. *Paris*, *Dentu*, 1863; 38 vol. in-12, dem.-rel. v. fauve.

862. Le Capitaine Fracasse, par Th. Gautier. *Paris*, *Charpentier*, 1862; 2 vol. in-12, mar. br.

863. Le Capitaine Fracasse, par Théophile Gautier, illustré de 60 dessins de Gustave Doré. *Paris*, *Charpentier*, 1866; gr. in-8, chagr. fauve, fil. à comp., tete dor., n. rog.

864. **Gautier** (Théophile). Constantinople. — Militona. — Jean et Jeannette. — Les Roués innocents. — Romans, nouvelles et contes. — Les Jeunes Francs, romans goguenards. Ens. 7 vol. in-12, br.

865. La Mère Gigogne et ses trois Filles, causeries et contes d'un bon papa sur l'histoire naturelle et sur les objets les plus usuels. par X.-B. Saintine. *Paris*, 1864; *figures*, in-8, mar. bleu, comp., fil., dent. int., tr. dor.

866. **Émile Gaboriau.** Collection de ses romans. *Paris, Dentu*, 1867 ; 21 vol. in-12, dem.-rel., mar. La Vall.

867. Œuvres complètes de Pigault-Lebrun, nouvelle édition illustrée par Bertall. *Paris, Gustave Barba, s. d.* 2 vol. in-4, dem.-rel. mar., tr. peign.

868. Voyage autour de mon jardin, par M. Alphonse Karr, illustré par MM. Freeman, L. Marvy, Meissonnier, Gavarni, Daubigny, etc. *Paris, L. Curmer et V. Lecou*. Gr. in-8, dem.-rel. chagr. rouge, tr. jasp.

869. **Prosper Mérimée.** Épisode de l'histoire de Russie. — Les Deux Héritages. — Nouvelles et dernières Nouvelles. — La Chambre bleue. Ens. 5 vol. in-12 br.

870. **Arsène Houssaye.** La Pantoufle de Cendrillon ou Suzanne aux Coquelicots, conte. *Paris, s. d.* ; in-8, texte encadré de fil. rouges, gravures, cart. bleu est., tr. dor.

871. **Henri Monnier.** Scènes populaires. — Scènes comiques. — Mémoires de M. Prudhomme. *Paris, Charpentier et Hetzel, s. d.* ; 5 vol. in-12, dem.-rel. chag.

872. **Noriac** (Jules). La Bêtise humaine. — Mlle Poncet. — Le Grain de sable. — Mémoires d'un Baiser. — La Dame à la plume noire. — Sur le Rail. — Journal d'un Flâneur. Ens. 8 vol. in-12 br.

873. Petites Misères de la vie humaine, par Old Nick et Granville. *Paris, Fournier, s. d.* ; in-8, v., tr. dor. *Figures*.

874. **Monselet.** Monsieur de Cupidon. — De Montmartre à Séville. — Le Plaisir et l'Amour. — Panier fleuri. Ens. 4 vol. in-12 br.

875. — La Reine sauvage, par Charles d'Héricault, dessins de Montbard, gravés par L. Lemaire. *Paris, s. d.* ; gr. in-8, br.

876. **Alphonse Karr**. Contes et Nouvelles. — Devant les tisons. — Sous les orangers. — Agathe et Cécile. — La Pénélope normande. — Les Soirées de Sainte-Adresse. Ens. 6 vol. in-12, br.

877. Collection de Romans divers illustrés, éditée par J. Bry, G. Havard, Maresq, Barba. 17 vol. in-4, texte à 2 col., dem.-rel. mar. viol., tr. jap.

878. **Gustave Droz**. Monsieur, Madame et Bébé. — Une Femme gênante. — Entre Fous. — Les Étangs. — Babolein. — Le Cahier bleu de Mlle Cibot. — Un Paquet de lettres. Ens. 7 vol. in-12, br.

879. **Erckmann-Chatrian.** Histoire d'un Paysan (1789). — Contes fantastiques. —Contes de la Montagne. — Madame Thérèse. — Waterloo. — L'Invasion. — L'Ami Fritz. Ens. 7 vol. in-12, br.

880. Nous Autres, par J. Girardin. *Paris, Hachette*, 1875; in-8, dem.-rel. mar. rouge. *Figures sur bois par Bayard.*

---

881. Novelliero Italiano. *In Venezia*, 1754 ; 4 vol. in-12, v. écail., fil., tr. dor.

Aux armes du maréchal duc de Richelieu.

882. Il Decamerone di M. Giovanni Boccacio nuovamente coretto et con diligentia stampato. *S. l.*, 1527 ; in-4, parch.

883. Il Decameron di messer Giovanni Boccacio, 1527; in-4, v., tr. dor.

Réimpression du XVIIe siècle.

884. Il Decamerone di M. Giovanni Boccaccio nuovamente corretto istoriato, e con diligenza stampato. *In Venetia*, 1745; in-12, *figures sur bois*, maroq. rouge, fil., tr. dor. (*Anc. reliure*).

Piqûres de vers, le haut du titre est raccommodé.

885. Il Decamerone di messer Giovanni Boccacio, cittadino fiorentino. *In Amsterdamo* (*la sphère*), 1665; in-12, v. fauve antiq., dos orné, tr. dor.

886. Il Decamerone di M. Giov. Boccaccio, tratto dall, ottimo testo scritto da Francesco d'Amaretto Mannelli sull, originale dell, autore. *S. l.*, 1761; in-4, deux portraits, dem.-rel. bas. verte, n. rog.

887. **Il Decamerone** di M. Giovanni Boccaccio. *Londra* (*Paris*), 1757; 5 vol. in-8, *portrait, 5 frontispices, figures et culs-de-lampe par Gravelot, Boucher et Eisen, gravés par Alliamet, Baquoy, Flipart, Legrand, Le Mire, Lempereur*, etc., v. écail., fil., tr. dor.

Bel exemplaire avec la double suite.

888. Le Décameron de Jean Boccace (traduction française de Le Macon). *Londres*, 1757; 5 vol. in-8, frontispice, figures et culs-de-lampe par Gravelot, Boucher et Eisen, gravés par Alliamet, Baquoy, Flipart, Legrand, Le Mire, Lempereur, etc.; bas., tr. marbr.

Exemplaire taché et fatigué.

889. Contes et nouvelles de Boccace, Florentin, traduction libre. *A Amsterdam, chez George Gallet*, 1699; 2 vol. pet. in-8, parch.

Figures de Romain de Hooge.

890. Contes de Boccace (le Décameron), traduits de l'italien et précédés d'une notice historique par A. Barbier, vignettes par MM. Tony Johannot, H. Baron, Cél. Nanteuil, Grandville, etc. *Paris*, 1846; in-4, dem.-rel. maroq. bleu, tr. marbr.

891. Istoria del Decamerone di Giovanni Boccaccio, scritta da D. M. Manni. *In Firenze*, 1742; in-4, v.

892. Fiammetta del Boccacio. *In Firenze*, 1517; in-8, 110 ff., maroq. La Vall. jans., dent. int., tr. dor. (*Duru*).

893. Le Songe de Boccace, traduit d'italien en français (par de Largentière). *Paris, chez la veuve Pierre Bouilleroi*, 1798; in-12, v. fauve, dos orné, fil., dent. int., tr. dor. (*Veuve Niédrée*).

894. Il Pecorone di Sr Giovanni Fiorentino nel quale si contengono cinquanta novelle antiche. *Milano*, 1804; 2 vol. gr. in-8, dem.-rel. v. fauve.

895. La Circe di Giovan Batista Gelli, accademico fiorentino. *In Fiorenza*, 1550; in-12, maroq. rouge, fil., tr. dor. (*Rel. anc.*).

896. Il Corbaccio... *In Parigi, per Federigo Morello*, 1569; in-8, maroq. brun, tr. dor. (*Reliure moderne*).

897. La Taliclea di Ferrante Pallavicino, libri quattro. *In Venetia*, 1653; in-18, parch., fil.

898. Novelle di Matteo Bandello. *Milano*, 1813; 9 vol. in-12, dem.-rel. maroq. noir.

899. Histoire des amours de Valérie et du noble Vénitien Barbarigo, par J. Galli de Bibiena, 1741; 2 vol. in-12, v. fauve.

900. Delle Novelle di Franco Sacchetti, cittadino fiorentino. *Milano*, 1804; 3 tomes en 1 vol. in-8, dem.-rel. maroq. vert, tr. marbr.

901. Novelle di G.-B. Casti. *Parigi*, 1821; 4 vol. in-12, cart., n. rog.

902. I Promessi Sposi, storia milanese del secolo XVII, scoperta e riffatta da Alessandro Manzoni. Storia della colonna infame, inedita. *Milano*, 1840; gr. in-8, maroq. vert, fil. à comp., dent. int., tr. dor.

903. Caterina Medici di Brono, novella storica del secolo XVII, di Achille Mauri. *Milano*, 1841; gr. in-8, dem.-rel., figures.

904. Le Conte du tonneau, par Jonathan Swift, traduit de l'anglais. *A Lausanne et à Genève*, 1756; 3 vol. in-12, fig., v. antiq. marbr.

905. La Vie et les Aventures de Robinson Crusoé, par Daniel de Foë, ancienne traduction revue et corrigée sur la belle édition donnée par Stockdale, en 1790, augmentée de la vie de l'auteur. *Paris, chez la veuve Panckoucke*, an XVIII, *portrait de Daniel de Foë, gravé par Delvaux, 3 titres gravés avec fleurons différents pour chacun et 19 figures gravées par Delvaux, d'après Stothart*, chagrin violet, fil. à comp., dent. int., tête dor., n. rog.

906. Voyages de Gulliver dans des contrées lointaines, par Swift, édition illustrée par Grandville. *Paris, H. Fournier et Furne*, 1838; 2 vol. in-8, v. fauve, fil., tr. dor.

907. Tom Jones, traduction nouvelle par Defauconpret. *Paris, Furne*, 1835; 2 vol. in-8, dem.-rel. v.

Figures d'Alfred Johannot.

908. Voyage sentimental, traduction nouvelle précédée d'un essai sur la vie et les ouvrages de Sterne, par M. J. Janin, édition illustrée par MM. Tony Johannot et Jacques. *Paris, Ernest Bourdin, s. d.*; gr. in-8, chagr. amarante, ornements, tr. dor.

909. Œuvres de Cooper, trad. par Defauconpret. *Paris, Furne*, 1852; 30 vol. in-8, demi-rel., figures.

910. **Walter Scott.** Œuvres, trad. par Defauconpret. *Paris*, *Gosselin*, 1836; 30 vol. in-8, dem.-rel., figures.

911. Histoire de Pendennis, par W. M. Thackeray, trad. par Scheffter. *Paris*, *Hachette*, 1858; 3 vol. in-12, dem.-rel., mar. Lav.

912. Confessions d'une Anglaise de qualité, trad. de l'anglais par Louis de La Porte. *Paris*, 1841, in-8, chagr. r., fil., tr. dor., fig. sur acier.

913. MM. **H. Wood.** — Lady Isabel, traduite par North Peat. *Paris*, 1862 ; 2 vol. in-8, demi-rel. maroq. fauve. tr. peign.

914. **W. Wilkie Collins.** — La Femme en blanc, roman anglais traduit par E. D. Forgues. *Paris*, 1862 ; 2 vol. in-12, dem.-rel. maroq. rouge, tr. peign.

915. **Alfred de Rosann**, or the Adventures of a French gentleman, by George W. M. Reynolds. *London*, 1839 ; in-8, figures, dem.-rel. v. vert.

916. **Ch. Dickens.** Aventures de Pickwick. — Olivier Twist. Paris et Londres en 1795. *Paris*, *Hachette*, 1863; 4 vol. in-12, dem.-rel., mar.

917. Le Don Quichotte romantique ou Voyage du docteur Syntaxe à la recherche du pittoresque et du romantique, poëme en 20 chants traduit librement de l'anglais par M. Gandais. *Paris*, 1826; gr. in-8, 26 lithographies chagrin bleu, fil. à comp. sur le dos et les plats, tête dor., n. rog.

918. L'Ingénieux hidalgo don Quichotte de la Manche par Miguel de Cervantes Saavedra, traduit et annoté par L. Viardot, vignettes de Tony Johannot. *Paris*, *J.-J. Dubochet*, 1837; 2 vol. gr. in-8, veau viol. à comp., tr. dor.

919. L'Ingénieux hidalgo don Quichotte de la Manche, par Miguel de Cervantes Saavedra, traduction de Louis Viardot, avec les dessins de Gustave Doré, gravés par H. Pisan. *Paris, L. Hachette*, 1863; 2 vol. in-4, cart., perc. rouge, n. rog.

920. Nouvelles espagnoles de Michel de Cervantes, trad. par Lefebvre.de Villebrune. *Paris, veuve Duchesnes*, 1778; 2 vol. in-8, v. marbr., fil., tr. dor.

Figures de Desrais.

921. Les Œuvres de don Francisco de Quevedo Villegas, nouvelle traduction de l'espagnol en français par le Pr. Raclot, Parisien. *Bruxelles*, 1700; 2 vol. in-12, figures, v. antiq.

922. Les Aventures de don Juan de Vargas, racontées par lui-même, traduites de l'espagnol sur le manuscrit inédit par Ch. Navarin. *Paris, P. Jannet*, 1853; in-12, v. fauve, fil., dos orné, dent. int., tr. dor.

923. Contes fantastiques d'Hoffmann, en français. *Paris*, 1836; 4 t. en 2 vol. in-8, dem.-rel. *Figures.*

924. Œuvres complètes de Hoffmann, traduction de La Bédollière, nouvelle édition illustrée par Foulquier. *Paris, Gustave Barba, s. d.*; in-4, dem.-rel. maroq. rouge, tr. jasp.

925. Werther, par Gœthe, traduction nouvelle publiée par Pierre Leroux, accompagnée d'une préface par Georges Sand, dix eaux-fortes par Tony Johannot. *Paris, Victor Lerou et J. Metzel*, s. d.; gr. in-8, dem.-rel. mar. vert.

926. Aventures du baron de Munchhausen, traduction nouvelle par Théophile Gautier fils, illustrées par Gustave Doré. *Paris, Ch. Furne*, s. d.; in-4, cart. percal. rouge est., n. rog.

927. Les Amours d'Anas-Eloujoud et de Ouardi, conte traduit de l'arabe par M. Savary, ouvrage posthume. *A Bagdad, et se trouve à Paris, chez Onfroy*, 1789; in-18, maroq. citron, fil., tr. dor.

928. Les Mille et une Nuits, contes arabes, traduits par Galland. *Paris*, 1838; 4 vol. in-8, dem.-rel.

Figures sur chine.

929. Les Mille et un Jours, contes orientaux traduits en français, publ. par Collin de Plancy. *Paris, Rapilly*, 1826; 5 vol. in-8., pap. vél., dem.-rel. maroq. (Thouvenin).

Figures sur chine avant la lettre.

930. Yu-Kiao-li, ou les deux Cousines; in-12, d.-rel. mar. citr.

Texte chinois.

931. **Yu-Kiao-li**, ou les deux Cousines (texte chinois); 4 cahiers en 1 vol. pet. in-8, d.-rel.

VII. — Philologie. — Satires. — Facéties

932. Amusements philosophiques ou Variétés en tous genres, par G.-P. Philomneste (Gabriel Peignot). *Dijon, Victor Lagier*, 1824; in-8, dem.-rel. v. fauve.

933. Des Causes de la corruption du goust, par Madame Dacier. *Paris*, 1714; in-12. v. antiq. marbr.

934. Les Libres Prêcheurs devanciers de Luther et de Rabelais, étude historique, critique et anecdotique sur les XIVe, XVe et XVIe siècles, par Antony Méray. *Paris, A. Claudin*, 1868; in-12, br.

935. Della Storia e della Poesia, volumi quattro di Francesco Saverio Quadrio, della compagnia di Gesù. *In Bologna*, 1739 ; 4 vol. — Indice universale della Storia ; 1 vol. — Ens. 5 tomes en 7 vol. in-4, parch.

936. Memorie istoriche di letterati ferraresi, opera postuma di Giannandrea Barotti. *In Ferrara*, 1792 ; 2 vol. in-4 cart., n. rog.

937. Paradossi cioè Sententie fuori del comun parere nouellamente uenute in luce. *In Venetia*, 1545 ; in-12 maroq. vert jans., dent. int., tr. dor. (*Hardy*).

938. Le Livre des Proverbes français, publ. par Le Roux de Lincy. *Paris*, *Delahays*, 1859 ; 2 vol. in-12 mar. v., tr. sup. dor., n. rog.

Exemplaire en papier vélin fort.

939. Dictionnaire encyclopédique d'anecdotes modernes, anciennes, françaises et étrangères, par Edm. Guérard. *Paris*, *Firm. Didot fr.*, 1872 ; 2 vol. in-8, texte à deux col., dem.-rel. chagr. vert, tr. peign.

940. Menagiana ou les Bons Mots et Remarques critiques, historiques, morales et d'érudition de Monsieur Ménage. *Paris*, *chez Florentin Delaulne*, 1715 ; 4 vol. in-12, v. brun.

941. **Encyclopediana.** — Recueil d'Anecdotes anciennes, modernes et contemporaines, tiré de tous les recueils de ce genre publiés jusqu'à ce jour, édition illustrée de 120 vignettes. *Paris*, *J. Laisné*, 1857 ; gr. in-8 maroq. bleu, tr. peign.

942. Polissonniana ou Recueil de turlupidades, quolibets, rébus, jeux de mots, allusions, allégories, etc. *Amsterdam*, *chez Hénri Schelte*, 1725 ; in-12, v. fauve, dos orné, fil., dent. int., tr. dor. (*Reliure moderne*).

943. L'Esprit des autres recueilli et raconté par Ed. Fournier. *Paris, E. Dentu*, 1861 ; pet. in-12, dem.-rel. maroq. bleu., tr. peign.

944. **Alphonse Karr.** — Les Guêpes. *Paris, novembre* 1839 à 1848, 1853 et 1854 ; 21 vol. in-12, dem.-rel.

Le volume 1844 à 1848 est de format grand in-12.

945. Mémoires secrets pour servir à l'histoire de Perse. *Amsterdam*, 1745 ; in-12, v. fauve antiq., fil.

946. Bibliothèque facétieuse, historique et singulière. *Paris, A. Claudin*, 18?8 ; in-12, br.

947. Petite Encyclopédie récréative. *Paris, Passard*, 1852 ; ens. 9 vol. in-16, jolies dem.-rel., tr. peign.

Voyages et Aventures du baron de Munchhausen. — Encyclopédie des proverbes français. — La Fleur des proverbes. — Encyclopédie bouffonne. — Un Million de Plaisanteries. — Un Million de Bêtises. — Un Million de Calembourgs. — Bibliothèque de calembourgs. — One million of comic anecdotes.

948. Œuvres facétieuses de Noel Du Fail, seigneur de La Hérissaye, gentilhomme breton, par J. Assezat. *Paris, P. Daffin*, 1874 ; 2 vol. in-12, cart. percal. rouge, n. rog.

949. La nouvelle Fabrique des excellents traits de vérité. *Paris, P. Jannet*, 1853 ; in-12, v. fauve, fil., tr. dor. (*Dupré*).

950. Les Évangiles des Quenouilles. *Paris, P. Jannet*, 1855 ; in-12, v. fauve, fil., dos orné, dent. int., tr. dor.

951. Les Quinze Joies du mariage; nouvelle édition. *Paris, P. Jannet*, 1853 ; in-12, v. fauve, dos orné, fil., dent. int., tr. dor. (*Dupré*).

952. Les Caquets de l'accouchée, nouvelle édition publiée par Édouard Fournier, avec une introduction par M. Le Roux de Lincy. *Paris*, *P. Jannet*, 1875 ; in-12, v. fauve, fil., dos orné, dent. int., tr. dor.

953. Œuvres complètes de Tabarin, précédées d'une introduction et d'une bibliographie tabarinique, par Gustave Aventin. *Paris*, *P. Jannet*, 1858 ; 2 vol. in-12, cart. percal. rouge, n. rog.

954. Plaisantes recherches d'un homme grave sur un farceur, ou Prologue tabarinique pour servir à l'histoire littéraire et bouffonne de Tabarin, par C. Leber. *Paris*, *Techener*, 1856 ; in-12 maroq. vert, dos orné, fil., dent. int., tr. dor.

955. Réflexions sur les grands hommes qui sont morts en plaisantant (par Deslandes), nouvelle édition augmentée d'épitaphes et autres pièces curieuses. *Amsterdam*, *chez les frères Wetstein*, 1732 ; in-12, v. antiq.

956. Éloge de l'Enfer, ouvrage critique, historique et moral. *La Haye*, *chez Pierre Gosse*, 1759 ; 2 vol. in-12, v. éc.

957. La Berlue (par Poinsinet de Sivry). *Londres*, *à l'enseigne du Lynx*, 1759 ; in-16, dem.-rel. maroq. viol., tête dor., n. rog.

958. Recueil faict au vray de la chevauchée de l'asne, faicte en la ville de Lyon. *Lyon*, *s. d.* ; in-8, d.-rel.

Réimpression à cent exemplaires.

959. Lettre écrite à Madame la comtesse Tation, par le sieur de Boisflotté, étudiant en droit-fil, trad. de l'anglais. *Amsterdam*, 1770 ; in-8, v.

960. L'Amour, les Femmes et le Mariage, historiettes, pensées et réflexions glanées à travers champ, par Ad. Ricard. *Paris*, 1875 ; in-12, dem.-rel. maroq. Lavall., tr. peign.

961. Le Tredici piacevolissime notti di M. Gio Francesco Strapparola da Caranaggio. *In Venetia*. 1508 ; in-8, v. antiq.

962. Les Facétieuses Nuits de Strapparole, traduites par Jean Louveau et Pierre de Larivey. *Paris, P. Jannet*, 1857 ; 2 vol. in-12 cart. percal. rouge, n. rog.

VIII. — Épistolaires. — Dialogues. — Entretiens

963. Lettres de Malherbe ornées du fac-simile de son écriture, dédiées à la ville de Caen, avec une vue de cette ville. *Paris, J.-J. Blaise*, 1822 ; in-8, v. fauve, tr. marbr.

964. Lettres choisies de feu M. Guy Patin, docteur en médecine de la Faculté de Paris. *Rotterdam*, 1725 ; 5 vol. — Nouvelles Lettres de feu M. Guy Patin, tirées du cabinet de M. Ch. Spon. *La Haye, chez Pierre Gosse*, 1718 ; 2 vol. — Ens. 7 vol. in-12, v. br.

965. Lettres choisies de Madame de Sévigné, avec une notice par M. Poujoulat. *Tours, Alfr. Mame*, 1871 ; in-4 br. *Dix-huit eaux-fortes par V. Foulquier*.

Exemplaire en GRAND PAPIER DE HOLLANDE.

966. Lettres de Madame de S*** à M. de Pomponne. *Amsterdam*, 1756 ; in-12, v.

967. Lettres de Madame de Sévigné, de sa famille et de ses amis, recueillies et annotées par M. Mommerqué, *Paris, L. Hachette*, 1862-1868 ; 14 vol. et album in-8 br.

968. Lettres meslées du sieur de Tristan. *Paris, Aug. Courbé*, 1642 ; in-8, *front. gr.*, v. brun.

969. Lettres du maréchal de Saint-Arnaud. *Paris, Michel Lévy fr.*, 1855 ; 2 vol. in-8, *portrait*, dem.-rel. v. fauve, tr. marbr.

970. Lettere di Paoli Manuzio copiate sugli autografi esistenti nella Bibliotheca Ambrosiana. *Parigi, Renouard*, 1834 ; in-8 vélin blanc, fil. or à comp., tr. bleues.

971. Lettere volgari di mons. Paolo Giovio da Como vescovo di Nocera raccolte per messer Lodovico Domenichi. *In Venetia*, 1560 ; in-12, mar. r., dent. int., tr. dor. (*Reliure moderne*).

972. Sérées de Guillaume Bouchet, juge et consul des marchands à Poitiers. *Rouen, chez Louys et Daniel Loudet*, 1635; 3 vol. in-12, v. antiq.

973. Dialogues des morts anciens et modernes, avec quelques fables composez pour l'éducation d'un prince par feu messire François de Salignac de la Motte Fénelon. *Paris*, 1725 ; 2 vol. in-12, 2 figures v. brun.

974. Ragionamenti di M. Pietro Aretino, 1584 ; 3 parties en 1 vol. in-8, mar. brun, fil. à froid à comp., dent. int., tr. dor.

975. Detti et Fatti piacevoli et gravi, di diversi principi filosofi et cortigiani, raccolti dal Guicciardini et ridotti a moralita. *In Venegia*, 1571 ; pet. in-12, mar. bleu jans., dent. int., tr. dor. (*Dupré*).

976. Propos rustiques, baliverneries, contes et discours d'Entrapel, par Noël du Fail, édition publiée par J. Marie Guichard. *Paris, Ch. Gosselin*, 1842 ; in-12, dem.-rel., mar. brun avec coins, tête dor., n. rog.

977. La Ruelle mal assortie ou entretiens amoureux d'une dame éloquente, par Marguerite de Valois. *Paris, Aubry*, 1855 ; pet. in-8, dem.-rel.

978. Les Jeux d'esprit ou la promenade de la princesse de Conti à Eu, par mademoiselle de la Force, publ. par le marquis de La Grange. *Paris, Aubry*, 1862; in-12, dem.-rel. mar. r.

979. Recueil général des questions traictées ès-conférences du bureau d'adresse, sur toutes sortes de matières, par les plus beaux esprits de ce temps. *Paris*, 1660; 5 vol. in-8, v. br.

IX. — Polygraphes

980. Tutte le opere di Nicolo Machiavelli. *S. l.*, 1550; 5 part. en 1 vol. in-4, v.

982. Œuvres diverses de Machiavel (texte italien). *Paris, Bossange*, 1825 ; 6 vol. in-24, v. viol., fil. or et dent. à froid à comp., tr. dor.

Il Principe. — Discorsi, 2 vol. — Istorie Fiorentine, 3 vol.

983. Opere di messer Agnolo Firenzuola, Fiorentino. *Milano*, 1802 ; 5 vol. in-8, *portrait*, dem.-rel. mar. vert, tr. jasp.

984. Opera complete di Giam Batista Casti. *Parigi, Libreria di Baudry*, 1838; gr. in-8, texte à deux col., mar. bistré, tr. rouge.

985. Opere del conte Gasparo Gozzi veniziano. *In Padova*, 1820; 16 vol. in-8, dem.-rel. mar. viol., tr. jasp.

986. Les Œuvres d'Estienne Pasquier, contenant ses Recherches de la France, ses Lettres, ses Œuvres meslées et les Lettres de Nicolas Pasquier, fils d'Estienne. *Amsterdam*, 1723; 2 vol. in-fol., v. antiq., fil.

987. Œuvres de Chapelle et de Bachaumont, précédées d'une notice par M. Tenant de Latour. *Paris*, *P. Jannet*, 1854; in-12, v. f., fil., tr. dor. (*Dupré*).

988. Œuvres de La Fontaine. *Paris*, *Ménard et Desenne*, 1817; 8 vol. in-12, dem.-rel. bas.

Fables et Contes, 4 vol. — Psyché, 1 vol. — Théâtre, 1 vol. — Œuvres diverses, 2 vol. *Figures de Desenne.*

989. Œuvres complètes de Jean de La Fontaine, avec des notes et une nouvelle notice sur sa vie, par M. C.-A. Walckenaër. *Paris*, *Furne*, 1835; gr. in-8, texte à deux col., *portrait gravé sur acier par Hopvood et 11 figures par Tony Johannot*, dem.-rel. mar. r., tr. jasp.

990. Amitiez, amours et amourettes, par M. Le Pays. *Paris*, *Ch. de Sercy*, 1685; 2 parties en 1 vol. in-12, mar. r., fil., tr. dor.

Le frontispice est remonté dans la marge du fond.

991. Œuvres diverses de M. de Fontenelle de l'Académie française, nouvelle édition augmentée et enrichie de figures gravées par Bernard Picart le Romain. *A la Haye*, *chez Gosse et Neaulme*, 1728; 3 vol. in-fol., v. antiq. marb., dos orné à la Pasdeloup.

992. Œuvres de J.-J. Rousseau. *De l'Imprimerie de la Société littéraire typographique*, 1783; 34 vol. pet. in-12, v.

Figures de Marillier.

993. Collection complète des Œuvres de J.-Jacques Rousseau, citoyen de Genève. *Genève*, 1782; 12 vol. — Supplément. *Genève*, 1789; 2 vol. (remmargés entièrement): ens. 14 vol. in-4, *figures de Moreau et Lebarbier*, v. antiq. marbr.

Dans la nouvelle Héloïse et dans le théâtre, les figures sont *avant la lettre*.

On a ajouté une *suite de Gravelot gravée par Frankendaal et Folkema*, pour *Héloïse*, et 11 figures *par Eisen et Cochin*, pour l'Emile.

De plus, on a ajouté à cet exemplaire environ 220 portraits par D. Klocher, Cochin, Boizot, Desrochers, Predeau de Chemilly, H. Rigault, De Troy, J. Vivien Jeannet, Coypel, Desrais. La plupart Champagne, Greuze, Vigée, etc.
de ces portraits sont remontés.

994. Œuvres complètes de J.-J. Rousseau. *Paris*, *Armand Aubrée*, 1832; 17 vol. in-8, dem.-rel. v. ant.

Figures d'A. Johannot.

995. Les Confessions de J.-J. Rousseau, vignettes par MM. T. Johannot, H. Baron, K. Girardet, E. Laville, C. Nanteuil, etc. *Paris*, *Barbier*, 1846; gr. in-8, dem.-rel., v. viol.

996. Œuvres de M. L. Racine de l'Académie royale des inscriptions et belles lettres. *Paris. chez Desaint et Saillant*, 1747; 6 tomes en 4 vol. pet. in-12, v. antiq. marbr.

997. Œuvres du chevalier de Boufflers. *Genève*, 1872 : in-18 (édition Cazin). *Figure par Marillier, gravée par N. De Launay*, mar. r., fil., tr. dor. (*Anc. reliure*).

998. Œuvres complètes de M. Chevrier. *Londres*, 1774; 3 vol. in-12, parch. vert.

999. Œuvres de Duclos, précédées d'une étude sur sa vie et sur ses œuvres par le comte L. Clément de Ris. *Paris*, *Didier*, 1875; in-12, dem.-rel. mar. viol., tr. jasp.

1000. Œuvres de M. J. Chenier, précédées d'une notice sur Chenier, par M. Arnault, et ornées de portrait de l'auteur d'après H. Vernet. *Paris,* 1826; 10 vol. in-8, v. vert, fil., tr. dor.

Bel exemplaire.

1001. Œuvres du marquis de Villette. *Londres,* 1876; in-18, maroq. bleu dent., à comp., doublé de tabis rose, tr. dor. (*Relié par Simier*).

Exemplaire imprimé sur papier d'écorce de tilleul.

De plus, à la suite de l'ouvrage, se trouvent 20 feuillets imprimés sur différents essais de papier.

1002. Œuvres mêlées de littérature de M. de Lafargue. *Senlis,* 1786; 2 tomes en 1 vol. in-8. Gravures de Gravelot, v. antiq. marb.

1003. Œuvres badines et morales, historiques et philosophiques de Jacques Cazotte, première édition complète ornée de figures. *Paris,* 1817; 4 vol. in-8, v. rac.

1004. Œuvres complètes de M. de Chateaubriand. *Paris, Furne et Ch. Gosselin,* 1841; 25 vol. in-8, gravures sur acier, dem.-rel. v. vert.

1005. Œuvres complètes de Lamartine. *Ch. Gosselin et Furne,* 1836-1840; 13 vol. in-8, gravures, vignettes et portraits, dem.-rel. v. bleu, tr. marbr.

1006. **V. Hugo.** — Œuvres. *Paris, Furne,* 1840-1846; 16 vol. in-8, gravures, dem.-rel. maroq. brun, tr. jasp.

1007. **Saintine.** Œuvres diverses. *Paris, Hachette,* 14 vol. in-12, dem.-rel. mar. bl. du Lev.

Bel exemplaire.

1008. OEuvres d'Alfred de Vigny. *Paris*, 1858; 5 vol. in-8, dem.-rel. chagr.

1009. OEuvres complètes de H. Rigault, précédées d'une notice biographique et littéraire par M. Saint-Marc Girardin. *Paris*, *L. Hachette*, 1859; 4 vol. in-8, br.

1010. OEuvres complètes de Madame Emile de Girardin née Delphine Gay. *Paris*, *H. Plon*, 1860; 6 vol. in-8, portrait, br., n. coup.

1011. OEuvres complètes de Auguste Ricard, nouvelle édition illustrée par Bertall. *Paris*, *Gustave Barba*, s. d. 2 vol. in-4, dem.-rel. maroq. La Vall., tr. peign.

1012. **Ed. About.** OEuvres diverses. *Paris*, *Hachette*, 1862; 21 vol. in-12, dem.-rel. mar. La Vall.

1013. **Edmond About.** OEuvres diverses. *Paris*, *Hachette*, 1867; 9 vol. in-8, dem.-rel. mar. La Vall.

1014. Variétés historiques et littéraires, recueil de pièces volantes rares et curieuses, en prose et en vers, revues et annotées par Ed. Fournier. *Paris*, *P. Jannet*, 1855, et Pagnerre, 1863; 10 vol. in-12, cart. perc. r., n. rog.

1015. Nouvelle collection Jannet. *Paris*, *E. Picard* 1867; ens. 6 vol. in-12, cart. percal. bleue, n. rog.

Le Diable boiteux, 2 vol. — Contes fantastiques. — Til Ulespiegle. — Sakountala. — La Célestine.

HISTOIRE

I. — Géographie. — Voyages

1016. L'Univers pittoresque. *Paris, Firmin Didot fr.*, 1863 71 vol. in-8, figures et cartes, dem.-rel. v. fauve, tr. jasp

Bel exemplaire.

1017. Dictionnaire géographique universel, contenant la description de tous les lieux du globe, par une société de géographes. *Paris*, 1823; 10 vol. in-8, dem.-rel. maroq. brun.

1018. Atlas maritime ou cartes réduites de toutes les côtes de France, avec des cartes particulières des îles voisines les plus considérables, suivis des principales villes maritimes de ce royaume, par M. Bonne. *A Paris, chez Lattré*, 1778; in-18, v. rac. dent., tr. dor.

Texte gravé et 35 plans en couleur montés sur onglets.

1019. Le Tour du monde, nouveau journal des voyages publié sous la direction de M. Edouard Charton et illustré par nos plus célèbres artistes. *Paris, Hachette*, du premier semestre 1860 au deuxième semestre 1875; 16 années formant 30 vol. in-4 br.

Collection complète et en bon état.

1020. Histoire générale des voyages ou Nouvelle collection de toutes les relations de voyages par mer et par terre. *Paris*, 1746-1770; 19 vol. in-4, *figures, plans et cartes*, v. ant. marb.

1021. A Woman's journey round the world, by Ida Pfeiffer. *London, W. Y.*, pet. in-8, cart., n. r., figures.

1022. Voyage autour du monde, par M. J. Arago. *Paris*, 1839; 4 vol. in-8, nombr. gravures, dem.-rel. v. fauve.

1023. Seize mois autour du monde, 1867-1869, et particulièrement aux Indes, en Chine et au Japon, par Jacques Siegfried. *Paris, J. Hetzel*, 1869; in-12, cart., dem.-rel. maroq. brun, tr. peign.

1024. Promenade autour du Monde 1871, par M. le baron de Hübner. *Paris, L. Hachette*, 1873; 2 vol. in-12, dem.-rel. maroq. brun tr. peign.

1025. Voyage autour du monde, par le comte de Beauvoir. *Paris, H. Plon*, 1871-1872; 23 vol. in-12, figures et cartes, dem.-rel. maroq. vert., tr. peign.

Australie. — Java, Siam, Canton. — Pékin, Yeddo, San Francisco.

1026. Voyage en Sardaigne, de 1819 à 1825, ou Description statistique, physique et politique de cette île, par le chev. Albert de La Marmora. *Paris, Arthus Bertrand*, 1825; gr. in-8, figures en couleur, dem.-rel. v. fauve, tr. jasp. (*Bauzonnet*).

1027. Relation d'un voyage à Rome en 1521, publiée et annotée par Harmand. *Troyes*, 1850; in-8, dem.-rel. mar. rouge.

1028. Mémoire du voyage en Russie faît en 1586 par Jehan Sauvage, publ. par L. Lacour. *Paris*, 1855; petit in-8, dem.-rel.

1029. Voyage historique, littéraire et pittoresque dans les îles et possessions ci-devant vénitiennes du Levant, par André Grasset Saint-Sauveur. *Paris, chez Tavernier, an VIII*. 3 vol. in-8, v. rac., tr. marb.

L'atlas se trouve relié dans l'ouvrage.

1030. Viaggi di Pietro della Valle. *Brighton*, 1843; 2 vol. in-12, dem.-rel. chagr. br.

1031. Les Voyages de M. Payen, dédiez à Mgr de Lionne. *Paris, chez Estienne Loyson*, 1667; in-16, mar. rouge, tr. dor. (*Reliure moderne*).

1032. Correspondance de V. Jacquemont pendant son voyage dans l'Inde. *Paris*, 1841; 2 vol. in-12, dem.-rel. mar. vert.

1033. Travels in Circassia, Krim-Tartary, etc., including a steam voyage down the Danube, from Vienna to Constantinople and round the Black Sea by Edmund Spencer. *London*, 1839, 2 tomes en un vol. gr. in-8, cart. anglais.

1034. Voyages et Aventures dans l'Afrique équatoriale, par Paul de Chaillu, illustrations et carte. *Paris, Michel Lévy*, 1863; in-4, dem.-rel. mar. La Vall., fleurons, tête dor.

1035. Relation en forme de journal du voïage pour la rédemption des captifs au roïaume de Maroc et d'Alger pendant les années 1723-24 et 1725, par les pères Jean de Lafaye. *Paris*, 1726; in-12, v. brun.

Exemplaire avec le portrait gravé de la reine.

1036. Le Grand Désert, itinéraire d'une caravane du Sahara au pays des nègres, par le général Daumas. *Paris, Michel Lévy frères*, 1857 ; in-12, dem.-rel. mar. viol., tr. peign.

II. — Histoire universelle. — Histoire ancienne

1037. L'Art de vérifier les dates des faits historiques, des chartes, des chroniques et autres anciens monumens depuis la naissance de Notre-Seigneur, par le moyen d'une table chronologique. *Paris, chez G. Desprez*, 1770; in-fol., v. ant., fil., tr. marbr.

1038. Abrégé de l'Histoire universelle en figures ou Recueil d'estampes, représentans les sujets les plus frappans de l'histoire, tant sacrée que profane, ancienne et moderne, avec les explications historiques qui s'y rapportent, par Vauvilliers, dessinées par J.-P. Marillier et Monnet et gravées par P. Duflos. *Paris*, 1785; 2 vol. in-8, dem.-rel. v. antiq.

1039. Discours sur l'Histoire universelle, par J.-B. Bossuet, évêque de Meaux, précédé d'une préface littéraire par M. Tissot. *Paris, L. Curmer, s. d.*; 2 vol. gr. in-8, texte encadré, gravures sur acier, dem.-rel. mar. viol., plats toile, tr. dor.

1040. Histoire des Juifs, écrite par Flavius Josèphe, sous le titre de Antiquitez judaïques, traduite sur l'original grec reveu sur divers manuscrits, par M. Arnauld d'Andilly. *Amsterdam, chez Pierre Mortier*, 1700; in-fol., vignettes, v. antiq. marbr., fil., tr. dor.

Bel exemplaire.

1041. Les Histoires de Dictis Cretensis, traitant des guerres de Troye et du retour des Grecs en leur païs, après Ilion ruiné, interprétées en françois par Jan de La Lande, gentilhomme breton. *Paris*, 1556; petit in-8, dem.-rel. v. antiq.

Exemplaire très-court de marges.

1042. Le Violier des histoires romaines, ancienne traduction françoise des Gesta Romanorum, nouvelle édition publiée par M. G. Brunet. *Paris, P. Jannet*, 1858 ; in-12, cart. perc. rouge, n. rog.

1043. Abrégé de l'histoire romaine. *Paris, chez Nyon l'aîné*, 1789 ; in-4, *frontispice et figures par B. Piauger, G. de Saint-Aubin, Ransonnette et Gravelot, gravés par Tardieu et Gaucher,* v. fauve antiq., tr. dor.

1044. Abrégé de l'Histoire romaine. *Paris*, 1789, in-4 ; *49 estampes par Piauger, de Saint-Aubin, gravées par Levesque, Legrand et Tardieu*, dem.-rel. bas, n. rog.

1045. Opere di Cornelio Tacito, tradotte da B. Davanzati. *Firenze*, 1827-28 ; b. vol. in-12, vél. blanc.

1046. Le Vite degli imperatori romani di Ant. Ciccarelli. *Roma*, 1590 ; in-4, v. *Figures.*

III. — Histoire de France

1047. Atlas de la France divisée en ses 40 gouvernemens généraux et militaires, en autant de cartes particulières. *Paris, chez le sieur Desnos, s. d.* ; in-8, mar. rouge, fil., tr. dor. (*Ancienne reliure*).

1048. Atlas physique, politique et historique de la France, par A. Denaix, dessiné et gravé par Richard Wahl. *Paris*, 1855 ; gr. in-fol. cart.

1049. Annuaires historiques publiés par la Société de l'Histoire de France. *Paris, Jules Renouard*, de 1837 à 1847 ; 11 vol. in-16, br.

1050. Nouvel Abrégé chronologique de l'histoire de France, contenant les événements de notre histoire depuis Clovis jusqu'à la mort de Louis XIV, les guerres, les batailles, les siéges, etc. *Paris*, 1752; in-4. *Vignettes par Cochin*, v. antiq. marbr., fil.

1051. Histoire de France depuis Pharamon jusqu'à maintenant, avec les portraits au naturel des roys, des reynes et des dauphins, par F.-E. de Mézeray. *Paris, chez Mathieu Guillemot*, 1643; 3 vol. in-fol., v. antiq. marbr.

1052. Nouvelle Histoire de France racontée à tout le monde en romans et nouvelles historiques par P. Lacroix, illustrée par Célestin Nanteuil, Ch. Mettais, Édouard frère, Rocourt. *Paris, Bry aîné*, 1853 ; 5 tomes réunis en un vol. in-4, dem.-rel. maroq. rouge, tr. peign.

1853. Les Galanteries des rois de France. *Cologne, chez P. Marteau, s. d.;* 3 vol., fig., in-12, v. antiq.

1054. Le Vite degli re di Francia et degli duca di Milano, sino alla presa del re Francesco Iº. *Roma*, 1525 ; in-4, cart.

Pièce rare.

1055. La Noblesse de France aux Croisades, publiée par P. Roger. *Paris, Derache et Dumoulin*, 1845; gr. in-8 br. Figures.

1056. La Vie de saint Louis, par M. l'abbé de Choisy. *Paris, chez Antoine Dezallier*, 1690; in-4, *fleuron sur le titre et vignettes*, v. brun.

1057. **Jean**, sire de Joinville. Histoire de saint Louis. — Credo et lettre à Louis X, texte original, accompagné d'une traduction par M. Natalis de Wailly. *Paris, Firmin Didot frères*, 1874 ; in-4, br.

Exemplaire en grand papier, avec la brochure de supplément. *Analyse historique et littéraire par Marius Sepet.*

1058. Chronique de la Pucelle, suivie de la Chronique normande, par Valet de Viriville. *Paris, Delahaye*, 1859; in-12, mar. La Vall., tr. sup. dor., n. rogn.

Exemplaire en papier vélin fort.

1059. Histoire abrégée de la vie et des exploits de Jeanne d'Arc, surnommée la Pucelle d'Orléans, par M. Jollois. *A l'Imprimerie de P. Didot l'aîné*, 1821 ; gr. in-fol., dem.-rel. v. rouge.

1060. Jeanne d'Arc, par H. Wallon, édition illustrée d'après les monuments de l'art, depuis le xve siècle jusqu'à nos jours. *Paris, Firmin Didot frères*, 1876 ; in-4, d.-rel. mar. rouge, plats toile est., tr. dor.

1061. **Charles Du Lis.** Opuscules historiques relatifs à Jeanne d'Arc. *Paris, Aubry*, 1856 ; petit in-fol. dem.-rel. chagr.

1062. Les Chroniques de messire Philippe de Commines, chevalier, seigneur d'Argenton, sur les faits de Loys Unziesme et de Charles Huictième, son fils, rois de France. *Paris, par Claude Micard*, 1567 ; petit in-12, v. antiq.

1063. Histoire de Loys XII, roy de France, père du peuple, et des choses mémorables advenues de son règne ès années 1499, 1500 et 1501, tant en France que au recouvrement du duché de Milan en la conquête du royaume de Naples et autres lieux, par Jean d'Anton, son historiographe. *Paris, chez Abraham Pacard*, 1620 ; 2 vol. in-4, dem.-rel. bas.

1064. Récit des funérailles d'Anne de Bretagne, publié avec une introduction et des notes par L. Merlet et Max. de Gombert. *Paris, Aug. Aubry*, 1858 ; in-12, dem.-rel. mar. rouge, tête dor., n. rog.

1065. Satyre Menippée de la vertu du catholicon d'Espagne et de la tenue des Estats de Paris. *Ratisbonne, chez Mathias Kerner* (à la sphère), 1664; in-12, *avec la figure de la procession*, mar. rouge, fil., tr. dor. (*Ancienne reliure*).

Haut. 127 mill.

1066. Procès du très meschant et détestable parricide Fr. Ravaillac, natif d'Angoulesme, publié pour la première fois sur des manuscrits du temps. *Paris, Aubry*, 1858; in-12, portrait, dem.-rel. maroq, tête dor., n. r.

1067. Mémoires de Henri de Campion, nouvelle édition publiée avec des notes par M. C. Moreau. *Paris, P. Jannet*, 1857 ; in-12, cart., perc. rouge, n. rog.

1068. L'Enlèvement innocent ou la Retraite clandestine de Mgr le Prince et de la Princesse, sa femme, hors de France (1609-1610), publié par Halphen. *Paris, Aubry*, 1859; petit in-8, dem.-rel.

1069. Les Triomphes de Louis le Juste, XIIIe du nom, roy de France et de Navarre, contenans les plus grandes actions où Sa Majesté s'est trouvée en personne, représentées en figures avec les portraits des rois, princes et généraux d'armes ; ensemble le plan des villes, siéges et batailles, avec un Abrégé de la vie de ce grand monarque, par René Barry; le tout traduit en latin par le R.-P. Nicolaï. *Paris*, 1649; in-fol. bas.

1070. Mémoires de Marguerite de Valois, suivis des anecdotes inédites de l'histoire de France pendant les XVIe et XVIIe siècles, publiés avec notes par Ludovic Lalanne. *Paris, P. Jannet*, 1858 ; in-12, cart., percal. rouge, n. r.

1071. Histoire de Louis XIV par Am. Gabourg. *Tours, Ad. Mame,* 1846; in-8. *Figure et fleuron sur le titre*, demi-rel., avec coins, maroq. brun., fil., tête dor., n. rog.

1072. Histoire amoureuse des Gaules par Bussy-Rabutin, revue et annotée par M. P. Boiteau, suivie des romans historico-satiriques du XVIIIe siècle, recueillis et annotés par M. C. L. Livet. *Paris, P. Jannet,* 1856; 3 vol. in-12, cart., percal. r., n. rog,

1073. Amours des Dames illustres de France sous le règne de Louis XIV. *Cologne, P. Marteau, s. d.*; 2 vol. pet. in-12, v.

1074. Les Lois de la galanterie (1644). *Paris, Aubry*. 1855; pet. in-8, demi-rel.

1875. Il Corriero svaligiato pubblicato da Ginifaccio Spironcini. *In Villafranca* (*la Sphère*), 1666; in-12, demi-rel., v. antiq.

1076. Mémoires de Madame de La Guette, nouvelle édition publiée par M. Moreau. *Paris, P. Jannet*, 1856; in-12 cart. percal. rouge, n. rog.

1077. Le Temple de la Gloire ou les fastes militaires de la France depuis le règne de Louis XIV jusqu'à nos jours, par le général Auguste Jubé, baron de La Perelle. *Paris, s. d.*; 2 vol. gr. in-fol. *Grandes planches*, demi-rel. v. viol.

1078. Souvenirs de Madame de Caylus, nouvelle édition avec une introduction et des notes par M. Ch. Asselineau. *Paris, J. Téchener*, 1860; in-12, gravures, demi-rel. maroq. amarante, tête dor., n. rog.

1079. Mémoires de Saint-Simon. *Paris, Hachette*, 13 vol. in-12, br.

1080. Les Historiettes de Tallemant Des Réaux, publ. par de Montmerqué et Paulin Paris. *Paris, Téchener*. 1860; 9 vol. in-8, br.

1081. **Paul Lacroix.**— XVIIIe siècle. Institutions, usages et costumes. Ouvrage illustré de 21 chromo-lithographies et de 350 gravures sur bois. *Paris, F. Didot fr.*, 1875; gr. in-8., demi-rel. maroq. rouge, plats toile est., tr. dor.

1082. Chroniques de l'Œil-de-Bœuf des petits appartements de la cour et des salons de Paris, sous Louis XIV, la Régence, Louis XV et Louis XVI, par G. Touchard-Lafosse, édition illustrée par Janet-Lange. *Paris, Gustave Barba, s. d.*; in-4, demi-rel., chagr. brun, tr. jasp.

1083. Le Parc aux Cerfs. Étude historique par Louis Lacour. *Paris, Meugnot,* 1859; in-12, dem.-rel.

1084. Mémoires et correspondance de la marquise de Courcelles, publiés par M. Paul Pougin. *Paris, P. Jannet*, 1854; in-12, cart. percal. rouge, n. rog.

1085. Mémoires de Madame la Marquise de La Rochejaquelein, précédés de son éloge funèbre, illustrations de A. Andrieux. *Paris, E. Dentu*, 1860; 2 vol. in-12. Portrait, demi-rel. maroq. rouge, fil., tr. peign.

1086. Histoire de la Révolution française, depuis 1789 jusqu'en 1814, par F. A. Mignet. *Paris, F. Didot*, 1836; 2 tomes en 1 vol., portraits et gravures, demi-rel. v. fauve, tr. jasp.

1087. Les Guerres de la Vendée et de la Bretagne par Eug. Veuillot. *Paris, Sagnier et Bray*, 1847; in-8., demi-rel. v. viol.

1088. Étrennes utiles et nécessaires aux commerçants et voyageurs ou Indicateur fidèle enseignant toutes les routes royales et particulières de la France, etc. *Paris, chez le s. Desnos.* 1793 ; in-8, maroq. rouge, tr. dor. (*Reliure ancienne*).

1089. Histoire de l'Empereur Napoléon, par P. M. Laurent, de l'Ardèche, illustrée par Horace Vernet. *Paris, J. Dubochet.* 1839, gr. in-8, maroq. vert, fil. tr. dor.

1090. Histoire de Napoléon par M. de Norvins, vignettes par Raffet. *Paris, Furne,* 1839; gr. in-8, demi-rel., mar. vert, avec coins, tr. jasp.

1091. Mémorial de Sainte-Hélène, par le comte de Las Cases, illustré de 120 dessins par Janet Lange et Gustave Janet. *Paris, Gustave Barba.* S. d.; 2 parties en 1 vol. in-4, demi-rel. chag. viol., tr. jasp.

1092. Les Murailles révolutionnaires, collection complète des proclamations, professions de foi, affiches, fac-simile de signatures. (Paris et les départements). *Paris, J. Bry aîné,* 1856; 2 vol., in-4, br.

1093. Mémoires d'un bourgeois de Paris, comprenant la fin de l'Empire, la Restauratiou, la Monarchie de Juillet, la République jusqu'au rétablissement de l'Empire, par le docteur L. Véron. *Paris,* 1856 ; 5 vol. in-16, demi-rel maroq. brun, tr. marb.

1094. L'Expédition de Crimée jusqu'à la prise de Sébastopol, chroniques de la guerre d'Orient par le baron de Bazancourt. *Paris, Amyot,* 1856; 2 vol. in-8 demi-rel., maroq. brun, tr. peign.

1095. En Ballon pendant le siége de Paris. Souvenirs d'un aéronaute par Gaston Tissandier. — Les Prussiens chez nous, par Edouard Fournier. — Voyage au pays des milliards et les Prussiens en Allemagne par Victor Tissot. *Paris, E. Dentu,* 1871-1876, ens. 4 vol. in-12, br.

IV. — Histoire des Provinces de France

1096. Traité de la Police, par Delamarre. *Amsterdam*, 1729; in-fol. cart.

Ce volume renferme les plans historiques de la ville de Paris.

1097. Histoire de la Ville et de tout le Diocèse de Paris, par l'abbé Lebeuf, nouvelle édition publiée par Hipp. Cocheris. *Paris, Aug. Durand*, 1863-1867 ; 3 vol. in-8, pap. vél., br.

1098. Histoire physique, civile et morale de Paris, par J. A. Dulaure. *Paris*, *Furne*, 1837 ; 8 vél. in-8, gr. demi-rel. maroq. citr., tr. marb.

Bel exemplaire.

1099. Lutèce et Paris, histoire religieuse, civile, monumentale et morale du vieux et du nouveau Paris, à l'usage de la jeunesse, par Victor Herbin. *Paris* 1847; in-12 carré, figures, demi-rel. maroq. La Vall., tr. jasp.

1100. Paris au XIIIe siècle par A. Springer, traduit librement de l'allemand avec introduction et notes. *Paris*, *Aubry*, 1860; in-12, demi-rel. maroq. vert, tête dor., n. rog.

1101. Description de la ville de Paris au XVe siècle, par Guillebert de Metz, publiée par M. Le Roux de Lincy. *Paris*, *A. Aubry*, 1875 ; in-12 couv. impr., dem.-rel. maroq. vert, tête dor., n. rog.

1102. Tableau de Paris (par Mercier). *Amsterdam*, 1782 ; 12 vol. in-8, v.

1103. **Ed. Fournier.** — Paris démoli, 2e édition, avec une préface par M. Théophile Gautier. *Paris, A. Aubry*, 1855; in-12, dem.-rel. maroq. rouge.

1104. La Grande Ville, nouveau tableau de Paris, comique, critique et philosophique, par Ch. Paul de Kock, illustrations de Gavarni, Victor Adam, Daumier, d'Aubigny, etc. *Paris*, 1842 ; 2 vol. gr. in-8, dem.-rel. v. fauve.

1105. **Émile de La Bédollière.** — Le Nouveau Paris, histoire de ses 20 arrondissements, illustrations de Gustave Doré, cartes topographiques de Desbuissons. *Paris*, *Gustave Barba*, s. d.; in-4, dem.-rel. maroq. vert avec coins, fil., tr. dor., n. rog.

1106. Description historique de l'hôtel royal des Invalides, par M. l'abbé Perau, avec les plans, coupes, élévations géométrales de cet édifice et les peintures et sculptures de l'église, dessinés et gravés par le sieur Cochin. *Paris*, *chez Guil. Desprez*, 1756; in-fol., v. écail., fil., tr. marbr.

1107. Les Catacombes, par J. Janin. *Paris*, *Werdet*, 1839 ; 6 vol. pet. in-12, portrait, dem.-rel. v. rouge (Kœhler).

1108. Histoire anecdotique des Barrières de Paris, par Alfred Delvau. *Paris*, *Dentu*, *s. d.* ; in-12, eaux-fortes, br.

1109. Les Anciennes Maisons de Paris sous Napoléon III, par Lefeuve. *Paris et Bruxelles*, 1873 ; 5 vol. gr. in-8, br.

1110. Une Année de Révolution, d'après un journal tenu à Paris en 1848, par le marquis de Normanby. *Paris*, *Henri Plon*, 1859; 2 vol. in-8, br.

1111. Atlas topographique des environs de Paris, dédié et présenté au Roy par son très-humble et fidèle sujet. *Paris, chez Lattré*, s. d. ; in-16, titre-frontispice gravé par Choffard, 24 cartes gravées, dem.-rel. maroq. antiq.

1112. Les Environs de Paris, histoire, monuments, paysages, etc. *Paris, P. Boizard*, 1875 ; gr. in-8, vignettes et gravures, dem.-rel. maroq. rouge avec coins, fil., tr. peign.

1113. **Émile de La Bédollière.** — Histoire des environs de Paris, illustrations de Gustave Doré, cartes topographiques dessinées et gravées par Ehrard. *Paris, G. Barba*, s. d. ; in-4, dem.-rel. maroq. vert avec coins, fil., tête dor., n. rog.

1114. La Bretagne, par J. Janin. *Paris, Bourdin, s. d.* ; gr. in-8 cart. *Figures.*

1115. Extraits abrégés des vieux mémoriaux de l'abbaye de Saint-Aubin-des-Bois en Bretagne. *Paris, P. Jannet*, 1853 ; in-12, v. fauve, fil., dent. int., tr. dor.

1116. La Vendée poétique et pittoresque, ou Lettres descriptives et historiques sur le Bocage de la Vendée, par Ch. Massé Isidore. *Nantes*, 1829 ; in-8, lithographies, dem.-rel. v. vert, n. rog.

1117. La Touraine, histoire et monuments, publiée sous la direction de M. l'abbé J.-J. Bourassé. *Tours, Ad. Mame*, 1855 ; in-fol. maroq. rouge. dent. à comp., tr. dor.

1118. Promenades dans la Touraine, par Alexis Monteil. *Tours, Ad. Mame*, 1861 ; in-8 maroq. vert, dos orné, fil., dent. int., tr. dor. (*Dupré*).

Ouvrage tiré à 180 exemplaires.

1119. La Loire historique, pittoresque et biographique. De la source de ce fleuve à son embouchure dans l'Océan, par G. Touchard-Lafosse, illustré de 62 gravures sur acier, de plus de 300 têtes de pages, culs-de-lampe, lettres ornées, etc., et de trois cartes du fleuve avec tracé des chemins de fer. *Tours, chez Lecesnes*, 1851 ; 5 vol. gr. in-8, maroq. viol., plats toile, tr. jasp.

1120. Bibliothèque historique et critique du Poitou, par Dreux Du Radier. *Paris, Ganeau*, 1754 ; 5 vol. in-12, v.

1121. Les Annales d'Aquitaine, faicts et gestes des roys de France et d'Angleterre, pays de Naples et de Milan, par Jean Bouchet, augmentées de plusieurs pièces rares et historiques, extraites des bibliothèques et recueillies par A. Mounin. *A Poitiers, par Abraham Mounin*, 1844 ; in-fol., 666 pages, v. antiq.

Édition estimée.

On trouve à la suite du même ouvrage : les Mémoires et Recherches de France et de la Gaule Aquitaine, du sieur Jean de La Haye. *Poitiers*, 1643. — De l'Université de la ville de Poitiers du temps de son érection du recteur, et officiers et privilèges de la dite université. *Poitiers*, 1643 ; in-fol. 204 pages.

1122. Paraphrases aux lois municipales et coustumes du comté et pays de Poictou. *Poitiers, par Enguilbert de Marnef et Bouchetry frères*, 1565 ; in-4, vélin.

1123. Histoire des comtes de Poitou et ducs de Guyenne, contenant ce qui s'est passé de plus mémorable en France depuis l'an 811 jusqu'au roy Louis le Jeune, ensemble divers traités historiques par feu M. Jean Besly. *Paris, chez Robert Bertault*, 1647 ; in-fol., v. antiq.

1124. Histoire des Protestants du Poitou, par Aug. Lièvre. *Paris*, 1856 ; 3 vol. in-8, chagrin, tr. sup. dor., n. rog.

Exemplaire sur papier de couleur.

1125. Essai sur les monnaies frappées en Poitou, par Lecointre Dupont. *Poitiers*, 1840 ; in-8, d.-rel., fig.

1126. Histoire de Chatelleraud et du Chatelleraudais, par M. l'abbé Lalanne. *Châtellerault*, 1859 ; 2 vol. in-8, gravures, dem.-rel. maroq. vert, tr. peign.

1127. Description générale et particulière de la France, gouvernement du Dauphiné, publiée par de Laborde, Guettard et Beguillet, ouvrage enrichi d'estampes. *Paris, de l'imprimerie de Ph.-D. Pierre*, 1782 ; 2 vol. gr. in-fol. dont un de texte et un de planches, par Le May, Ballin, etc., v. écail., fil., tr. dor.

Exemplaire en grand papier.

1128. Histoire des ducs de Bourgogne de la maison de Valois, par M. de Barante. *Paris, Dufey*, 1837-38 ; 12 vol. in-8. *Figures sur chine et cartes*, dem.-rel. v. bleu, dos orné, tr. marbr.

Bel exemplaire.

1129. Mémoires de Jacques de Saulx, comte de Tavannes, suivis de l'Histoire de la guerre de Guyenne, par Balthazar, nouvelle édition publiée par C. Moreau. *Paris, P. Jannet*, 1858 ; in-12, cart. perc. rouge, n. rog.

1130. Relation d'un voyage fait en Provence, contenant les antiquitez les plus curieuses de chaque ville et plusieurs histoires galantes, par M. L. M.'D. P. *Paris, chez Cl. Barbin*, 1683 ; pet. in-12, maroq. brun, dent. int., tr. dor. (*N. Gaillard*).

1131. Voyage aux Pyrénées par H. Taine, illustré par Gustave Doré. *Paris, L. Hachette*, 1860; gr. in-8, dem.-rel. maroq. bleu, fil. tête dor., n. rog.

1132. Les Pyrénées et le midi de la France, par A. Thiers. *Paris*, 1833; in-8, dem.-rel., bas. verte.

1133. L'Algérie ancienne et moderne par M. Léon Galibert, vignettes par Raffet et Rouargues frères. *Paris*, *Furne*, 1844; gr. in-8 v. vert, fil., tr. marbr.

V. — Histoire étrangère

1134. Rome ancienne et moderne depuis sa fondation jusqu'à nos jours, par Mary-Lafon. *Paris*. *Furne*, 1852; gr. in-8, gravures sur acier, demi-rel. maroq. viol., plats toile, tr. dor.

1135. Istoria del granducato di Toscana, sotto il governo della casa Medici A. S. A. R., il serenissimo Pietro Leopoldo. *In Livorno*, 1781 ; 8 vol in-8, bas.

1136. Della Istoria venetiana di Pietro Bembo, libri XII. *In Venegia*, 1552 ; v. f.

1137. Istoria della città e repubblica di Venetia, di Paolo Morosini. *In Venetia*, 1637, in-4, bas.

1138. Le Origini di Padova, di Lorenzo Pignoria. *In Padova*, 1625; in-4, v.

Titre gravé et figures.

1139. Storia fiorentina di messer Benedetto Varchi. *In Colonia*, 1721 ; in-fol., parch.

1140. Storie fiorentine di messer Bernardo Segni, gentiluomo fiorentino. *In Augusta*, 1723 ; in-fol., cart., non rog.

1141. Fiesole distrutta di G. D. Peri. *S. l. n. d.*, in-4, cart.

Titre gravé et portrait.

1142. Commentari de' fatti civili occorsi dentro la città di Firenze dall' anno MCCXV al MDXXXVII, scritti dal senatore Filippo de' Nerli, gentiluomo fiorentino. *In Augusta*, 1728 ; in-fol., cart., n. rog.

1143. Cremona litterata seu Cremonenses doctrinis et litterariis dignitatibus eminentiores chronologicæ, adnotatione auctore Francisco Arisio. *Parmae*, 1702 ; 2 vol. in-fol., v. brun.

1144. Storia di cento anni (1750-1850). *Firenze*, 1852; 3 vol. in-12, demi-rel. maroq. viol., tr. jasp.

1145. Histoire d'Angleterre représentée par figures accompagnées de discours, les figures gravées par François-Anne David, le discours par Le Tourneur et Guyot. *Paris*, 1784; 3 tomes en 1 vol. in-4, 111 estampes, dem.-rel., v. viol.. avec coins.

1146. Histoire d'Angleterre par Goldsmith, continuée jusqu'en 1815 par Ch. Coote et jusqu'à nos jours par le traducteur, Mme Alex. Aragon. *Paris*, *Hovdaille*, 1837; 4 vol. gr. in-8, gravures sur acier, dem.-rel. maroq., fil., tr. marbr.

1147. The Heroic life and exploits of Siegfried, the dragon-slayer. *London*, 1848; in-4, dem.-rel., mar. br., *figures*.

1148. Histoire de Foulques Fitz Warins, publiée par Francisque Michel. *Paris*, *Silvestre*, 1840; gr. in-8, cart., n. rogn.

1149. Histoire de Guillaume III, roi d'Angleterre, d'Écosse, de France et d'Irlande, prince d'Orange, etc., contenant ses actions les plus mémorables depuis sa naissance jusques à son élévation sur le trône, par médailles, inscriptions, arcs-de-triomphe et autres monuments publics, recueillis par N. Chevalier. *Amsterdam*, 1692; pet. in-fol., v. antiq.

1150. **North Peak.** — Singularités humoristiques et religieuses en Angleterre. *Paris*, *J. Hetzel*, *s. d.*; in-12, dem.-rel., maroq. La Vall., tr. peign.

1151. Histoire générale d'Espagne, traduite de l'espagnol de Jean de Perreras, enrichie de notes historiques et critiques, de vignettes et de cartes géographiques par M. d'Hermilly. *Paris*, 1742-1751 ; 10 vol. in-4, v. antiq., dent., tr. dor.

1152. La Mythologie du Rhin par Saintine. *Paris*, *Hachette*. 1862 ; gr. in-8, mar. bl., fil., tr. dor., *figures*.

1153. Batailles gagnées par le S. P. Eugène de Savoie, avec des explications historiques par Du Mont. *La Haye*, *Gosse*, 1725 ; in-fol. v. br.

1154. La Vie militaire en Prusse par F.-O. Hacklander, traduite par le capitaine Le Maître. *Paris*, *L. Hachette*, 1868 ; 4 vol. in-12 br.

1155. Les Délices de la Hollande. *Amsterdam*, 1669 ; in-12, *figures*, parch.

1156. Histoire de Russie représentée par figures accompagnées d'un précis historique ; les figures gravées par F.-A. David, d'après les dessins de Monnet ; le discours par Blin de Sainmore. *Paris*, 1797 ; in-4. dem.-rel., v. viol., avec coins.

1157. Histoire pittoresque, dramatique etcaricaturale de la sainte Russie, commentée et illustrée de 500 gravures sur bois par Gustave Doré. *Paris*, *J. Bry aîné*, 1854 ; gr. in-8, dem.-rel. maroq. vert.

1158. La Russie en 1839, par le marquis de Custine. *Paris*, *Amyot*, 1843 ; 4 vol. in-12, dem.-rel., chagr. noir, tr. jasp.

1159. La Relation de trois ambassades de Mgr le comte de Carlisle, nouvelle édition publiée par le prince Aug. Galitzin. *Paris*, *P. Jannet*, 1857 ; in-12, cart., percal., n. rog.

1160. Abrégé historique des principaux traits de la vie de Confucius, célèbre philosophe chinois, orné de 24 estampes gravées par Helman d'après des dessins originaux de la Chine, envoyés à Paris par le P. Amyot, missionnaire à Pékin. *Paris, s. d.*; in-4, v. antiq. marbr.

1161. État civil, politique et commerçant du Bengale, par Demeunier. *La Haye,* 1775; 2 t. en 1 vol. in-8, v.

Figures d'Eisen.

1162. Histoire naturelle, civile et ecclésiastique de l'empire du Japon, composée en allemand par Engelbert Kæmpfer, et traduite en français sur la version anglaise de Jean-Gaspar Schenchzer, ouvrage enrichi de quantité de figures dessinées d'après le naturel par l'auteur même. *A La Haye, chez P. Gasse et J. Maulme*, 1729; 2 vol. in-fol. cart., n. rog.

1163. Specchio geografico e statistico del impero di Marocco, dal cavaliere conte Jacopo Graberg di Hemso. *Genova*, 1834; in-8, figures, dem.-rel. mar. vert, tr. jasp.

1164. Histoire véritable des dernières guerres advenues en Barbarie et du succez pitoyable du roy de Portugal, don Sébastien, qui mourut en bataille, trad. en françois. *Paris, Nicolas Chesneau*, 1579; in-8, mar. br., tr. dor.

1165. L'Histoire notable de la Floride, située ès Indes occidentales. *Paris, P. Jannet*, 1853; in-12, v. fauve, fil., tr. dor. (*Dupré*).

1166. Deux années au Brésil par F. Biard, ouvrage illustré de 180 vignettes dessinées par E. Riou. *Paris, L. Hachette*, 1862; fort vol. in-8, dem.-rel. mar. rouge avec coins, fil., tête dor., n. rog.

1167. Histoire du Pérou, par le P. Anello Oliva, traduite de l'espagnol sur le manuscrit inédit par M. H. Ternaux-Compans. *Paris, P. Jannot*, 1857; in-12, v. fauve, dos orné fil., dent. int., tr. dor.

VI. — Archéologie

1169. Dictionnaire des antiquités romaines et grecques, accompagné de 2,000 gravures d'après l'antique, par Anthony Rich, traduit de l'anglais sous la direction de M. Chéruel. *Paris*, 1859; in-12, dem.-rel. mar. br., tr. peign.

1170. Sabine, ou Matinée d'une dame romaine à sa toilette, traduit de l'allemand de Bœttiger. *Paris, Maradan*, 1813; in-8, bas. figures.

1171. Gli antichi sepolcri, ovvero mausolei romani et etruschi trovati in Roma et in altri luoghi celebri, nelli quali si contengono molti eruditi memorie racolti, disignati et intagliati da Pietro Santi-Bartoli. *In Roma*, 1697; in-fol., v. antiq.

1172. Recherches sur la manière d'inhumer des anciens à l'occasion des tombeaux de Civaux en Poitou, par le R. P. B. R., prêtre de la compagnie de Jésus. *A Poitiers, chez Jacques Faulcon*, 1738; in-12, v. granit.

1173. Le Blason des couleurs en armes, livrées et devises, par Sicille Hérault, d'Alphonse V, roi d'Aragon, publié et annoté par Hippolyte Cocheris. *Paris, Aug. Aubry*, 1860; in-12, dem.-rel. mar. rouge, tête dor., n. rog.

VII. — Histoire littéraire

1174. Les Bibliothèques françaises de La Croix Du Maine et de Du Verdier, sieur de Vauprivas, par M. Rigoley de Juvigny. *Paris*, 1773; 5 vol. in-4, v. antiq. marbr.

1175. Bibliothèque françoise ou Histoire de la littérature française. *Paris*, 1741-1750; 18 vol. in-12, v. rac.

1176. La Bibliothèque française de M. C. Sorel, ou le Choix et l'examen des livres français qui traitent de l'éloqence, de la philosophie, de la dévotion et de la conduite des mœurs. *Paris*, 1664; in-12, vél.

1177. Storia della litteratura italiana di Girolamo Tiraboschi. *Milana*, 1822; 16 vol. in-8, v. rac., dent., tr. marbr.

1178. Histoire littéraire d'Italie, par P. L. Ginguené, publiée par M. Daunou. *Paris*, *Michaud*, 1824; 10 vol in-8, dem.-rel., v. antiq.

1179. Arte di conoscere l'età de' codici latini e italiani di D. Giovan-Crisostomo Trombelli, Bolognese. *In Bologna*, 1778; in-4, dem.-rel. chagr. brun.

1re et 2e années.

1180. Rome illustrée des lettres, sciences, arts et industries dans les deux mondes, publiée sous la direction de M. Olivier Moquin-Tandon. *Paris*, 1795; in-4, dem.-rel. mar. brun, plats toile, tr. peign.

VIII. — Biographie

1181. Dictionnaire de biographie, mythologie, géographie ancienne, accompagné de près de 1,000 gravures d'après l'antique, traduit par M. F. Theil. *Paris*, *Firmin Didot*, 1865; in-12, demi-rel., maroq. vert., tr. peign.

1182. Dictionnaire historique et critique, par M. Pierre Bayle. *Rotterdam*, 1720; 4 vol. in-fol. v. brun.

1183. La Prima (e la seconda) parte delle Vite di Plutarcho in volgare tradotte, 1524. *Venezia*, *per Zoppino*, 2 vol. in-4, demi-rel., vélin.

Édition ornée de 48 figures.

1184. Vite di Plutarco degli huomini illustri greci e romani, nuovamente tradotte, per Lodovico Domenichi. *In Venegia*, *Giolito*, 1567; 2 vol. gr. in-4, vélin.

1185. Éloges des hommes illustres, composez en latin par Scevole de Sainte-Marthe et mis en françois par G. Colletet. *Paris*, *Ant. de Sommaville*, 1644; in 4, v. br.

1186. Silvio Pellico. — Mes Prisons suivies du Discours sur les devoirs des hommes, traduction de M. Antoine de Latour, édition illustrée par Tony Johannot. *Paris*, *Delahaye*, 1853; gr. in-8, demi-rel., maroq. viol., tr. dor.

IX. — Bibliographie

1187. Histoire de l'Imprimerie et de la Librairie où l'on voit son origine et son progrès jusqu'en 1689. *Paris*, *chez Jean de La Caille*, 1689; in-4. v. antiq. marbr.
Annotations manuscrites sur les marges.

1188. Annales de l'Imprimerie des Aldes ou Histoire des trois Manuce et de leurs éditions par Ant.-Aug. Renouard. *Paris*, 1834, in-8, portrait, demi-rel. maroq. noir, tr. marbr.

1189. Annales de l'Imprimerie des Estienne ou Histoire de la famille des Estienne et de ses éditions, par Ant.-Aug. Renouard. *Paris*, *J. Renouard*, 1843; in-8, demi-rel., maroq. noir, tr. marbr.

1190. Épreuves générales des caractères qui se trouvent chez Claude Lamesle, fondeur de caractères d'imprimerie. *Paris*, 1842; in-4, v. antiq.

1191. Annales plantiniennes depuis la fondation de l'imprimerie plantinienne à Anvers jusqu'à la mort de Chr. Plantin (1555-1589), par C. Ruelens et A. de Bacher. *Paris*, *Tross*, 1866, gr. in-8, demi-rel. maroq. La Vall. jans., tête dor., n. rog.

1192. Annales de l'Imprimerie des Elsevier ou Historie de leur famille et de leurs éditions, par Ch. Pieters. *Gand*, 1858; gr. in-8, demi-rel., mar. bleu avec coins, fil., tr. peign.

1193. Annali della Tipographia Volpi-cominiana colle notizie intorno la vita e gli studii dei fratelli Volpi. *Padova*, 1809; gr. in-8, demi-rel., maroq. rouge, fil., tête dor. n. rog.

1194. Della Tipografia Bresciana nel secolo decimo quinto, Memorie di Luigi Lecchi, presidente dell' ateneo di Brescia. *Brescia*, 1854; in-4, *fac-simile*, demi-rel., chagrin rouge, tr. peign.

1195. Vita del cavaliere Giambatista Bodoni, tipografo italiano e catalogo chronologico delle sue edizioni. *Parma*, 1856; 2 vol. gr. in-4, demi-rel. maroq. rouge avec coins, fil., tête dor., n. rog.

Supplément manuscrit relié à la fin du 2e vol., continuant la chronologie de 1816 à 1830.

1196. Philobiblion, excellent traité sur l'amour des livres, par Richard de Bury, traduit pour la première fois et précédé d'une introduction par Hippolyte Cocheris. *Paris*, *Aug. Aubry*, 1856; in-12, demi-rel. maroq. brun, tête dor., n. rog.

1197. Voyage bibliographique, archéologique et pittoresque en France par le Rev. Tho. Frognall Dibdin, traduit de l'anglais avec des notes par Theod. Licquet. *Paris*, *Crapelet*, 1825; 4 vol. in-8, chagr. viol., fil. à comp., tête dor., n. rog.

Exemplaire relié avec les couvertures imprimées sur papier de paille.

1198. Mémoires d'un bibliophile par M. Tenant de Latour. *Paris*, *E. Dentu*, 1861; in-12, demi-rel., maroq. brun La Vall., fil., tr. peign.

1199. Essai sur l'art de restaurer les estampes et les livres par A. Bonnardot. *Paris*, 1858. — De la réparation des vieilles reliures (par le même). *Paris*, 1858; ens. 2 ouvrages en 1 vol. in-12, jolie demi-rel. maroq. rouge, dos orné, fil., tr. peign.

1200. Bibliographie instructive, par Debure. *Paris*, 1868; 9 vol. in-8, v.

1201. **Manuel du Libraire** et de l'amateur de livres par J. Ch. Brunet. *Paris*, *Didot*, 1864; 6 vol. in-8, demi-rel. mar.

1202. La France littéraire, par Quérard. *Paris*, *Didot*, 1827; 12 vol. in-8. demi-rel

Les deux derniers vol. sont brochés.

1203. Les Supercheries littéraires dévoilées, par J. M. Quérard, 3 tomes en 6 vol. — Dictionnaire des ouvrages anonymes, par A. Alex. Barbier, 3 tomes en 6 vol. *Paris*, *Paul Daffis*, 1869-1875; 12 parties in-8 br.

1204. Barbier. Dictionnaire des ouvrages anonymes et pseudonymes. *Paris*, *Barrois*, 1827; 4 vol. in-8, v. f.

1205. Dizionario di opere anonime e pseudonime di scrittori italiani di G. M. *In Milano*, 1848; 3 vol. in-4, texte à deux col., demi-rel. maroq.

1206. Manuel du bibliophile ou Traité du choix des livres par Gabriel Peignot. *A Dijon*, 1823; 2 vol. in-8, demi-cart. percal., n. rog.

1207. Recherches sur diverses éditions elzéviriennes, par Gustave Brunet. *Paris*, *Aubry*, 1866; in-12, papier vergé, d.-rel., mar. vert., n. rog.

1208. Bibliothèque historique de la France, par Jacques Lelong. *Paris*, 1768; 5 vol. in-fol. demi-rel. bas.

1209. Histoire des Livres populaires ou de la Littérature du colportage, par Ch. Nisard. *Paris, E. Dentu*, 1864; 2 vol. in-12, demi-rel. maroq. bleu, fil., tête dor., n. rogn.

1210. Livres populaires. — Noëls et cantiques imprimés à Troyes depuis le XVIIe siècle jusqu'à nos jours, avec des notes bibliographiques et biographiques sur les imprimeurs troyens, ouvrage orné de 20 gravures originales avec la musique de plusieurs airs, par Alexis Socard. *Paris, Aug. Aubry*, 1865; gr. in-8, demi-rel. maroq. vert jans., tête dor., n. rog.

1211. Bibliographie des chansons, fabliaux, contes en vers et en prose, facéties, pièces comiques et burlesques ayant fait partie de la collection de M. Viollet-Le-Duc, avec des notes biographiques et littéraires sur chacun des ouvrages cités, par M. Antony Méray. *Paris, A. Claudin*, 1859; in-8, br.

1212. Bibliographie des principaux ouvrages relatifs à l'amour, aux femmes, au mariage, par M. E. C. d'I. *Paris, J. Gay*, 1861; gr. in-8, demi-rel. v. fauve, tr. peign.

1213 Bibliografia dei romanzi e poemi cavallereschi italiani. *Milano* 1838; pet. in-4, demi-rel. avec coins v. antiq., fil. tête dor., n. rog.

1214. Dellé Novelle italiane in prosa, bibliografia di Bartolomeo Gamba, Bassanese. *Firenze*, 1835; in-8, portraits, demi-rel. maroq. vert.

1215 Biblioteca dell' eloquenza italiana di monsignore Giusto Fontanini, arcivescovo d'Ancira. *Venezia*, 1753; 2 tomes en 1 vol. in-4, v. antiq. marbr.

1216. Bibliothèque asiatique et africaine ou Catalogue des ouvrages relatifs à l'Asie et à l'Afrique qui ont paru depuis la découverte de l'imprimerie jusqu'en 1700, par M. H. Ternaux-Compans. *Paris, Arthus Bertrand*, 1841 ; gr. in-8, demi-rel. maroq bleu, tr. peign.

1217. La Librairie de Jean duc de Berry, au château de Mehun-sur-Yèvre (1416), publiée par Hiver de Beauvoir. *Paris, Aug. Aubry*, 1862 ; in-12, demi-rel. maroq. brun, tête dor., n. rog.

1218. Histoire de la Bibliothèque mazarine depuis sa fondation jusqu'à nos jours, par Alfred Franklin. *Paris, Aug. Aubry*, 1860; in-12, demi-rel. maroq bleu, tête dor., n. rog.

1219. Histoire de la bibliothèque de la ville de Poitiers, par M. Pressac. *Poitiers*, 1848; in-8, dem.-rel. mar. br.

1220. Catalogue des Livres du cabinet de M. de Boze. *Paris*, 1753 ; in-8, v. antiq., fil.

Prix d'adjudication manuscrits.

1221. Catalogus Librorum bibliothecæ illustrissimi viri Caroli Henrici, comitis Hoym. *Parisiis*, 1738 ; in-8, v. antiq., marbr.

Prix d'adjudication manuscrits.

1222. Catalogue des Livres de feu M. l'abbé d'Orléans de Rothelin. *Paris, Gabriel Martin*, 1746; in-8, v. antiq. (*Portrait*).

Avec les prix manuscrits.

1223. Catalogue des Livres de la bibliothèque de Patu de Mello. *Paris, veuve Tilliard, s. d.*, in-8, dem.-rel.

1224. Catalogue de la bibliothèque de Rosny. *Paris*, 1837 ; gr. in-8, demi-rel. chagr. vert., tr. marbr.

Prix d'adjudication manuscrits.

1225. Description raisonnée d'une jolie collection de Livres, par Ch. Nodier. *Paris*, *J. Techener*, 1844; in-8, dem.-rel. bas. verte.

1226. Catalogue des Livres composant la bibliothèque poétique de M. Viollet-Le-Duc. *Paris*, *L. Hachette*, 1847 ; 2 parties en 1 vol. in-8, dem.-rel. maroq. viol. avec coins, tête dor. n. rog.

1227. Mélanges tirés d'une petite bibliothèque ou Variétés littéraires et philosophiques, par Ch. Nodier. *Paris*, *Crapelet*, 1829; in-8, dem.-rel., v. fauve, tr. marbr.

ENCYCLOPÉDIE
REVUE DES DEUX-MONDES

1229. **Encyclopédie,** par Diderot et Dalembert, 35 vol. in-fol., v.

1230. **La Revue des deux Mondes.** *Paris*, 1835 à 1876; 217 vol. in-8, demi-rel. chagr. vert.

L'année 1876 est brochée.

SUPPLÉMENT

1231. Bibliothèque des légendes, par J. Collin de Plancy. *Paris, Plon*, s. d., 20 vol. gr. in-8 br.

Figures et couvertures imprimées en chromolithographie.

1232. La Chiava del cabinetto del cavagliere Gioseppe Francesco Borri, Milanese. *In Colonia* (*la sphère*), 1681 ; in-12, maroq. brun, dos orné, fil. à comp., dent. int., tr. dor. (*Dupré*).

1233. Estampes du catalogue raisonné et figuré des tableaux de la galerie électorale de Dusseldorff. *Basles, chez Chrétien de Méchel, graveur*, 1778; in-4, demi-rel., maroq. vert., tr. peign.

1234. Melusine, par Jehan d'Arras, publiée avec une préface, par M. Ch. Brunet. *Paris, Jannet*, 1854; in-12, v. fauve, dos orné, fil. dent., int., tr. dor.

1235. Les Marguerites de la Marguerite des princesses, texte de l'édition de 1547; publiées avec introduction, notes et glossaire par Félix Frank. *Paris, D. Jouaust*, 1873; 4 vol. in-12., br. (neufs).

1236. Gli Animali parlanti, poema epico diviso in ventisei canti, di Giambatista Casti. *In Parigi*, 1802; 3 vol. in-8, demi-rel. bas., tr. marbr.

1237. L'Aimable Fou ou la Gaieté parisienne, petit chansonnier françois. *Paris, chez Desnos*, s. d., in-18, *texte, musique et 14 figures gravées*, maroq. rouge, fil., tr. dor. (*Reliure ancienne*).

1238. Le Faux Ami, drame, par Mercier. *Paris, Le Jay*, 1792; in-8, mar. br.

Frontispice de Marillier. Édition originale.

1239. Les Amours de Psyché et de Cupidon, avec le poëme d'Adonis, par La Fontaine. *Paris, de l'imprimerie de Didot le jeune*, 1795; in-4. *Portrait de La Fontaine d'après H. Rigault, gravé en 1795 par Audouin, et 8 figures dessinées par Moreau le jeune et gravés par Dambrun, Duhamel, Dupreel, de Ghendt, Halbou, Petit et Simonet*, maroq. bleu, dos orné, fil. à comp. avec rosace, dent. int., tr., dor.

Exemplaire en grand papier vélin.

1240. Hitopadesa ou l'instruction utile, recueil d'apologues et contes, traduit du sanscrit, par Édouard Lancereau. *Paris, P. Jannet*, 1855; in-12, v. fauve, dos orné, fil., dent. int., tr. dor.

1241. Le Livre des singularités, par G. P. (Gabriel Peignot). *Dijon et Paris*, 1841; in-8, demi-rel., v. antiq.

1242. Les Femmes illustres ou les Harangues héroïques de Monsieur de Scudéry, avec les véritables portraits de ces héroïnes, tirez des médailles antiques. *Paris*, 1642; in-4, v. antiq.

Exemplaire portant la signature du président LE COIGNEUX.

1243. Le Triomphe des dames ou les Métamorphoses, almanach orné de jolies gravures. *Paris, chez Jannet* (1791); in-18, maroq. rouge, fil., tr. dor. (*Reliure ancienne*).

Vve Renou, Maulde et Cock, imprs de la Compagnie des Commissaires-Priseurs, rue de Rivoli, 144. 71479

www.ingramcontent.com/pod-product-compliance
Ingram Content Group UK Ltd.
Pitfield, Milton Keynes, MK11 3LW, UK
UKHW020259180726
13839UKWH00001B/342